ひとり暮らしで
ENCYCLOPEDIA
知りたいことが
FOR LIVING ALONE
全部のってる本

JN075483

主婦の友社

CONTENTS

ひとり暮らしを始めるみなさんへ

新生活のスタート、おめでとうございます！
新しい街、新しいお部屋での新しい毎日。
きっと楽しいプランでいっぱいでしょう。
でも、ワクワクしている一方、
ひとりで本当に大丈夫だろうか？　何かあったら？　と
不安もあるかもしれませんね。
知りたい情報はすぐに手に入る時代です。
困ったことや迷ったことがあっても、
ネットなら、一瞬で答えを探せます。
しかし、そこには誤った情報も隠れています。

本書は、ひとり暮らしをする人が知りたい情報を
ギュッと詰め込みました。
部屋探し、引っ越し、インテリアや収納、家事、お金の管理、
そして防災や防犯、住まいのトラブル。
わからないことや困ったことがあるとき、
もっと生活を快適にしたいと思ったとき、
この本を開いてください。きっとあなたの助けになるはずです。

ご家族のひとり暮らしを応援するかた、
また、生活を見つめ直したい
ひとり暮らしのベテランのみなさんにも、
ぜひお手元に置いていただきたい一冊です。

PART 1

部屋探し・引っ越し

これからの生活を左右する重要なミッション。
部屋選びのポイントや賃貸契約の流れ、
費用やそろえたいものなどをまとめました。

部屋選びから入居までのスケジュールを確認しよう

ひとり暮らしをすることが
決まったら、
まずは部屋探しの流れを確認。
余裕あるスケジュールで行動を。

START!

1
1〜3カ月前

情報収集

街の雰囲気や通勤・通学時間
から住むエリアをしぼり、不動
産情報サイトで相場などを確認。
会社や学校の先輩から通勤・通
学圏の不動産情報を聞くのも手。

- [ ] 住みたい街
- [ ] 家賃相場
- [ ] 不動産会社

重要！

2
1〜3カ月前

条件をまとめる

住むうえで譲れないポイントを
書き出す。あまり条件が多いと
見つけにくくなるので、優先順
位を決めることが大事。

- [ ] 家賃
- [ ] 設備
- [ ] 築年数
- [ ] 駅からの距離

たとえば…

3
1〜3カ月前

不動産会社へ

ネット未掲載の物件もあるので、
不動産会社に足を運んで相談す
るのがベター。物件数を求める
なら大手、掘り出し物件を期待
するなら地域密着型へ。

- [ ] 大手不動産会社
- [ ] 地域密着型
     不動産会社

不動産会社の選び方

4
1カ月〜2週間前

部屋の下見

間取り図ではわからない水回り
や収納スペースの状態や使い勝
手などもチェック。共用スペー
スや周辺の環境もしっかり確認。

- [ ] 水回りのカビ、汚れ
- [ ] 日当たり
- [ ] ポストやゴミ置き場
     の管理状況
- [ ] 周辺は安全か

チェックPOINT

6

1〜2週間前

契約をする

賃貸借契約書をよく読んでから契約を。
確認せずにサインしてしまうとトラブル
のもと。保証人の印鑑証明書なども必要。

- ☐ 契約書類
- ☐ 住民票の写し
- ☐ 実印と印鑑証明書

必要なもの

5

2週間前

申し込み＆
入居審査

気に入った物件があったらすぐ
に申し込みを。申し込み後、支
払い能力などの審査を受け、通
貨したら契約へ。

- ☐ 申込書
- ☐ 印鑑
- ☐ 本人確認書類

申し込みに必要なもの

8

当日

入居

貴重品は自分で運ぼう。荷物を
運び入れる前に床や壁に傷や汚
れがないかを再チェック。ガス
の開栓の立ち会いも忘れずに。

- ☐ カーテン、
  照明をつける
- ☐ 荷ほどき

TO DO!

衣類

ワレモノ　本

GOAL!

7

1週間前

引っ越し方法を
決める＆荷造り

荷物が少なければ、家族や友人
の手を借りるのもいい。業者を
利用する場合は数社から見積も
りをとり比較検討を。

- ☐ 引っ越し業者の手配
- ☐ 家電・家具の購入
- ☐ 生活用品の購入
- ☐ 電気、水道、
  ガスの手続き

TO DO!

※実際の入居の手続きなどは地域や不動産会社に
より異なります。目安として参考にしてください。

不動産用語を知っておけば満足いく部屋探しができる

物件情報には、知らない単語が並んでいることも。正しく理解し、比較検討できるようにしましょう。

サニーコーポ 203号室

賃料 65,000円　**管理費** 3,000円
⑤ 敷金 1カ月分 ／ 礼金 1カ月分

所在地	東京都中野区○○町2丁目		
② 交通	■JR 中央線／中野駅 徒歩10分 ■東京メトロ丸ノ内線／新中野駅 徒歩12分		
間取り	1K（6帖）	専有面積	22.25㎡
③ 築年数	築20年／2000年1月	階数	2階／2階建
建物種別	アパート	構造	木造
契約期間	2年	更新料	新賃料1カ月分
⑦ 設備	バス・トイレ別、エアコン、TVモニター付インターホン、ガスコンロ設置済み、室内洗濯機置場、都市ガス、光ファイバー		
備考	保証会社利用可		

情報公開日：○月△日 ●・・・⑧

・① 株式会社 ○○不動産
☎ 03-0000-0000
・東京都知事免許（3）第000000号

ベランダ
約18.2㎡
洋室6帖
収納　冷
UB　SB 玄　洗
⑥ N

チラシのココをCHECK

⑤ 家賃とそれ以外の費用
家賃＋管理費（共益費）が毎月支払うお金。敷金・礼金は入居時に1回だけ支払うもの。各0〜2カ月分が相場。

⑥ 部屋の方角
方位磁針で示されている場合と、「東南」「西」と記載されている場合が。日当たりがわかるので、チェックを忘れずに。

⑦ 設備
オートロックや独立洗面台などの設備がこまかく書かれている。記載されいていない設備もあるので、問い合わせて確認を。

⑧ 情報公開日
物件情報が最初に公開された日をさす。その部屋が賃貸に出されたおおよその日がわかる。再掲載のこともある。

① 不動産会社の免許番号
不動産売買や仲介を行うための宅地建物取引業の免許のID。（ ）内の数字は免許の更新回数で、多いほど営業歴が長い。

② 駅からの時間
「徒歩1分=80m」として計算した駅までかかる時間。信号や坂道などもあるので、自分の足で歩いて実際の分数の確認を。

③ 築年数
建物が完成したあとの経過年数のこと。ちなみに「新築」と表記できるのは、建築後1年未満で未使用の場合のみ。

④ 間取りと専有面積
部屋の構成と広さを表す。だいたい25㎡前後が、ひとり暮らし用物件の標準的な広さと言われている。

知っておきたい基本用語集

（ お部屋のこと ）

【専有面積】 せんゆうめんせき

その部屋の住民のみが使用する空間面積のこと。バルコニーやロフトは含まれないことが多い。

【構造】 こうぞう

主に木造、鉄骨、鉄筋コンクリート（RC造、SRC造）に分類され、防音や耐火、耐震性が異なる。

【UB】 ユニットバス

防水仕様の床・壁・天井・浴槽が一体となった浴室。お風呂とトイレが一室にある状態を指すことも。

【1R、1K】 ワンルーム、ワンケー

R=ルーム、K=キッチンのこと。1Rと1Kとの違いは、居室とキッチンの間に仕切りがあるかどうか。

【洗・冷】

間取り図に書かれている「洗」は洗濯機置き場、「冷」は冷蔵庫置き場のこと。記載がない場合もある。

【主要採光面】 しゅようさいこうめん

外の光（自然光）がとり込める窓や開口部の中で、最も大きな面積のものがある面をさす。

【ロフト】

天井を高くし、部屋の一部を2層に区切ったうちの上部空間をさす。物置や就寝スペースに使える。

【WIC】 ウォークイン クローゼット

歩けるほどスペースがあるクローゼットのことをさす。衣類や小物類をまとめて整理できる大型収納。

【ベランダ、バルコニー】

室外に張り出していて屋根があるものをベランダ、室外に張り出した屋根のないものはバルコニー。

（ お金のこと ）

【敷金】 しききん

家賃滞納があった場合や退去時の修繕などにあてるため貸主に預けるお金。修繕費以外は返金される。

【礼金】 れいきん

部屋を貸してくれたお礼に貸主に支払うお金。退去時の返金はなし。最近は礼金なしも増えている。

【仲介手数料】 ちゅうかいてすうりょう

部屋を借りる際の取り引きを成立させてくれた不動産会社（仲介会社）に支払う手数料のこと。

【前家賃】 まえやちん

契約の際は1カ月分の家賃を前もって払う。月の途中から入居するときは、日割り計算する。

【管理費】 かんりひ

共用部分を管理・維持するための費用のことで毎月支払う。「共益費」と記載されていることも。

【保険料】 ほけんりょう

入居時、火災保険への加入が義務となっている場合がほとんど。2年更新で2万円前後が相場。

【申込金】 もうしこみきん

この物件を借りたいという意思表示のため契約前に支払うお金。申し込んだ場合は契約金に充当される。

【更新料】 こうしんりょう

賃貸契約は2年間が基本で、更新する際、家賃とは別に支払うお金のこと。新賃料の1カ月分が相場。

どんな部屋がいい？条件に優先順位をつけよう

自分にとって譲れない条件を明確にすることが、満足いくひとり暮らしを実現するための第一歩です。

基本STEP 1

収入に見合う家賃を決める

毎月のことなので、無理なく支払える額を設定。管理費や共益費を含めた家賃は、収入（手取り）の3分の1を目安にするのが一般的。光熱費や食費、交際費など生活にかかるお金も考慮しながら逆算して決めよう。

自炊はちゃんとしたい、休日は家でのんびりしたいなど生活をイメージして条件を決めていくのがポイント。

基本STEP 2

利便性を考えてエリアを決める

ひとり暮らしで重要なのが交通アクセス。「急行列車が停まる駅」「職場や学校から電車で30分以内」など、実際の生活をイメージして暮らしやすいエリアを選んで。治安状況や自然災害リスクも事前にリサーチしておくことが大切。

基本STEP 3

ライフスタイルに合わせた条件を決める

仕事で帰宅が遅くなることが多ければ「徒歩圏内に遅くまで営業しているスーパーがある」、防犯面を強化したければ「オートロックつき」など、自分の生活になくてはならないものから順に優先順位をつけよう。

ひとり暮らし先輩に聞いた！

Q こだわったほうがいい条件、
妥協してもいい条件は？

初めてのひとり暮らしは、期待をふくらませてあれもこれもと条件を
増やしがち。先輩たちに、こだわるべきポイントを聞きました。

妥協してもOK条件

■ 築年数

築浅物件はきれいで新しい反面、家賃は割高
に。築年数が古くても、リノベーションされ
ている部屋であれば、ほぼ新築物件と変わら
ない設備、見た目で家賃は抑えられることも。
「築年数だけで判断しないほうがいい」。

■ オートロック

「住人にまぎれて侵入することもできるので
絶対に安全とは言えない面も」。また、古い
物件に簡易的につけたオートロックもあるの
で、内見で確認して。来訪者が確認できるモ
ニターつきインターホンはあると安心。

■ バス・トイレ別

「最初は絶対に別がいいと思っていたけれど、
ほとんどシャワーですませるので一緒でもよ
かった」という意見が目立つ。バス・トイレ
別の条件をはずすだけで家賃が抑えられる。
また、掃除がラクといったメリットも。

■ 角部屋

日当たりがいい、隣の生活音が気にならない
といった意見や、窓が多く低層階は防犯性が
低いと賛否両論ある条件。ただ「家賃が高い
わりにはそこまでメリットを感じない」との
こと。家賃を考えればはずしてもよさそう。

■ 独立洗面台

女性の場合、洗面台がお風呂と別になってい
れば髪を乾かしたり、メイクをするときに便
利そうというイメージで条件に入れる人が多
い。実際はなくてもさほど困ることはなく、
掃除する手間も省け、家賃も抑えられる。

こだわったほうがいい条件

■ 家賃

絶対こだわるべき！という声が多かったのは
家賃。支出の大部分を占めるからこそ、生活
に与える影響も大きい。「無理して高めの家
賃の部屋を選んで生活が苦しくなるよりも、
無理なく払える金額を優先したほうがいい」。

■ 最寄り駅へのアクセス

毎日のことだけに「徒歩やバス20分以上は、
社会人や夜遅いことが多い人だとキツい」。
ただし駅近物件にこだわりすぎると、広さや
家賃などほかの部分を妥協することになるの
で、バランスを考えて。

■ 日当たり

日中は家にいないからと軽視しがちだが、
「日当たりが悪いと、カビが生える、洗濯物
が乾かない、電気代がかかる！」とデメリッ
トが大きい。「南向きか東向きがベストだが、
隣の建物との距離もチェックを」

■ 室内洗濯機置き場

外にあると「夜中に使いにくいし、雨の日や
冬は外に行くのがつらい」という声が。女性
の場合は下着が盗まれる恐れもあるので、室
内にこだわる人が多数。洗濯機自体もホコリ
などで汚れ、劣化しやすいデメリットが。

■ 収納スペース

「クローゼットが想像以上に小さく、洋服が
入りきらず棚を置いたら狭い部屋がさらに狭
くなった」「台所の収納が少なく、出しっぱ
なしのものが多い」。十分な収納が確保でき
ないと部屋が狭く、散らかりやすくなる。

契約時には家賃×最大6カ月分 ＋αが必要

家賃だけじゃない！
最初に必要なお金を準備

たとえば6万円の家賃では…

	金額
敷金	120,000 円〈2カ月分〉
礼金	60,000 円〈1カ月分〉
仲介手数料	66,000 円〈1カ月分＋消費税〉
前家賃	60,000 円〈1カ月分〉
火災保険	15,000 円
合計	321,000 円

CHECK! 1
0〜2カ月分が相場

CHECK! 2
0.5〜1カ月分＋消費税が相場

CHECK! 3
入居日によっては日割り家賃も必要になる

＋

保証会社利用料
カギ交換費用 がかかることも！

部屋を借りるときに必要なのは、家賃だけではありません。敷金や礼金、前家賃などを合わせると、おおよそ家賃6カ月分のお金が必要になります。入居にあたってカギをとりつけ直す費用や、保証人を立てずに保証会社を通す場合はその費用が加算されることもあるので、しっかり確認をしましょう。

ひとり暮らしを始めるときに、最も気になるのがお金のこと。余裕をもった予算管理がカギ。

ひとり暮らしの賃貸契約以外に
かかる費用は25万円前後！

部屋を借りるためのお金が準備できたら、次に検討するのは
引っ越し費用と生活を整えるのに必要なお金。一度にあれこれそろえようと
するのではなく、まずは必要最低限のものを吟味して。

家具、家電購入費

約10万～15万円

電子レンジや洗濯機、照明、ベッド
など新しい家電や家具をそろえる場
合、ある程度の予算が必要。知人か
ら使わなくなった家電・家具を譲り
受けたり、中古品も検討しよう。

引っ越し費用

約2万～10万円

移動距離や荷物の量によって料金が
大きく異なる。春の繁忙期は料金が
高くなるので、土日を避ける、時間
を指定しないなど費用を抑える工夫
を。見積もりをとって比較検討を。

生活用品購入費

約2万～5万円

実家暮らしをしていると見落としが
ちな生活用品。トイレットペーパー
や掃除、洗濯グッズなど必要なもの
をリスト化して買い忘れを防いで。
意外と費用がかさむので多めに確保。

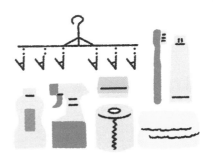

**1カ月後のことを考え
電気・水道・
ガス代も準備を**

初めてのひとり暮らしでは、ひと月にいくら
水道光熱費がかかるかわからないもの。やや
多めに見積もって準備しておこう。都市ガス
とプロパンガスでは料金が異なるので確認を。
▶▶**お金の管理はPART6へ**

気になる物件は内見で住みやすさを確認

内見時の持ち物リスト

- ☐ スマホ、カメラ
- ☐ メジャー
- ☐ 方位磁針
- ☐ メモ帳＆ペン

家でも見返すことができるよう写真を撮ろう。窓の大きさなどを測るメジャーも必須。

収納の奥行きや天井の高さ、水圧、ニオイなどはWebだけではわからないもの。内見時にこまかい部分まで確認して、住んでからの「こんなはずじゃなかった」をなくしましょう。

内見でやっておきたい 5 つのこと

1 チラシとの相違はないかを確認
記載にミスがあることも考えられるので、一つ一つの情報と照らし合わせてチェックをしよう。

2 部屋の細部まで写真を撮る
水回りや収納スペースなど写真を撮っておけば他物件と比較しやすい。担当者に断ってから撮影を。

3 メジャーで窓や玄関などを測る
入居後を想定し、カーテンや家具・家電を買うためにサイズを測って、メモをしておこう。

4 ニオイや音をじっくりチェック
カビくさくないか、排水口からイヤなニオイはしないか、隣や外の音が気にならないかを確かめる。

5 建物の整備状況、周辺環境を見る
ゴミ置き場など共用部分の管理状況や、周辺環境にも目を向けて。住人の様子も聞いておこう。

- ■ 質問リストを作っておく
- ■ 「棚の内部が見たい」など要望は遠慮なく伝える
- ■ 見えにくいところは写真を送ってもらう
- ■ 騒音がないか、生活音が響くかもチェックを

現地に行けないならオンライン内見を！

不動産会社の担当者がカメラを持って部屋の中を案内してくれるので、写真よりわかりやすく、気になることも質問できる。

入居後にガッカリしないための
内見確認ポイント

具体的にどこをチェックしたらいいの？　という人のために、
内見ポイントをリストアップしました。1軒ずつ記録を残しておけば、あとで
比べてみるときにも便利です。疑問があれば担当者に質問しましょう。

共用スペース

- ☑ ゴミ捨て場所の環境
- ☑ ゴミ出しのマナー
- ☑ 郵便受けの場所
- ☑ エレベーターの有無
- ☑ エントランスは
      きれいか
- ☑ 防犯カメラの有無
- ☑ 駐輪場の環境
- ☑ 共用スペースに
      ゴミはないか

周辺環境

- ☑ 人通りの多さ
- ☑ 街灯は十分か
- ☑ スーパーや
      コンビニまでの距離
- ☑ 病院が近くにあるか
- ☑ 周辺の騒音
- ☑ 外からの部屋の見え方
- ☑ 昼と夜とでの
      環境の違い

〈キッチン〉

- ☑ コンロの数
- ☑ 作業スペース
- ☑ 水の出方
- ☑ 収納量
- ☑ 排水口のニオイ

〈洗濯機置き場〉

- ☑ 防水パンの有無
- ☑ 蛇口の位置

〈トイレ、浴室〉

- ☑ シャワーの水圧
- ☑ 排水口などのニオイ
- ☑ カビ
- ☑ トイレのタンク内の
      状態
- ☑ 収納の有無
- ☑ 洗面台の水の出方

〈そのほか〉

- ☑ 靴箱の広さ
- ☑ 玄関から
      室内の眺め
- ☑ ベランダの広さ
- ☑ 物干し場

室内

〈居間・寝室〉

- ☑ 日当たり、風通し
- ☑ コンセントの
      位置、数
- ☑ 窓や網戸の建てつけ
- ☑ 壁の厚さ、汚れ
- ☑ 床のゆがみ、傷
- ☑ 梁の場所
- ☑ 天井の高さ
- ☑ 照明の位置
- ☑ エアコンの動作

〈収納〉

- ☑ 広さ（奥行きや高さ）
- ☑ ニオイ

住みたい部屋に申し込んだら審査を受ける

気に入った物件が見つかったら、いよいよ申し込み。一度契約すると簡単にキャンセルできないので慎重に。

申し込みから契約までの流れを把握しておこう

1 | 「いいな」と思ったら不動産会社に連絡し申し込みをする

住みたいと思う部屋に出合ったら、入居申込書に氏名や住所などの必要事項を記入。その際、申込金が必要になる場合があるので確認を。この書類をもとに入居審査が行われる。

POINT
「仮押さえ」ってできる？ できない？
「仮押さえ」とは 1 で説明した「入居申し込み」のこと。口頭だけでのキープは基本的に不可。

即日

POINT
ここをチェックしている
- □ 支払い能力があるか
- □ 申し込み内容に虚偽はないか
- □ 信用のおける人物か

2 | 入居審査

支払い能力など、安心して部屋を貸せる人かどうかを貸主が審査。保証人や勤務先への電話確認のほか、不動産会社の担当者が借り主の雰囲気などをチェックし貸主に報告することも。数日～1週間ほどで結果がわかる。

3日～1週間

3 | 審査が通ったら契約書類をそろえて提出

入居審査が通ったらいよいよ契約。必要な書類をそろえて、契約日を決めて不動産会社に出向く。住民票など役所でないと手に入らない書類もあるので、早め早めに準備を。

POINT
契約に必要な主なもの
- □ 契約者の住民票の写し
- □ 印鑑・印鑑証明書
- □ 収入を証明する書類
- □ 連帯保証人の住民票の写し、印鑑証明書

即日

POINT
契約書のここを確認
- □ 家賃の支払い日
- □ 敷金返還に関する特約
- □ 更新料
- □ 退去予告の期間
- □ 禁止事項

4 | 本契約・初期費用の支払い

「重要事項説明」を受ける。内容でわからないことがあれば、遠慮なく質問を。契約締結後の内容変更はむずかしいので、必ずその場で確認し、納得してから署名、捺印をして。

忘れないで！入居前後にすべき手続きはコレ

契約がすんだらほっと一安心……ではなく、新しい生活のための諸手続きを始めましょう。

引っ越し後

2週間以内にすませたい手続き

新住所の役所へ
転入届を出す

転居から14日以内に、引っ越し先の役所に書類を提出。転出届を出したときにもらえる「転出証明書」が必要なので、忘れずに持参しよう。

――― 一緒に手続きを！ ―――
☐ 国民健康保険と
　国民年金の住所変更

テレビがあれば
NHK受信契約

放送法によりNHKを受信できる設備を持っている人は契約をしなければならないことに。学生は「家族割引」の対象になる場合があるので確認を。

運転免許証などの
住所変更

新しい住所が確認できる書類を持って最寄りの警察署か運転免許センターで手続きを。

住所変更が必要なもの
☐ 銀行や郵便局の口座
☐ 携帯電話
☐ クレジットカード
☐ 通販サイト　など

引っ越し前

にしておく手続き

電気、ガス、
水道、ネット回線の
使用開始手続き

引っ越しの1〜2週間前までに、入居後に利用する会社に連絡をしよう。希望日に対応してもらうためにも、遅くとも3〜4日前までには連絡を。

今住んでいる
地域の役所に
転出届を

住民票の移動が必要になる。現住所の市区町村役場で引っ越しの14日前から当日までに本人確認書類を持参し窓口へ。転出届を出し、「転出証明書」をもらう。同市区町村内なら「転居届」を出すだけでOK。

郵便物の
転送手続き

最寄りの郵便局の窓口で転居届用紙をもらい、直接提出するかポスト投函、ネットで手続きを。新住所に1年間は郵便物を転送してくれる。

引っ越し方法を決める

宅配業者

大きな荷物や重たい荷物が少ない場合は、宅配業者の引っ越しサービスを利用するのも手。

こんな人に

- ☐ 荷物が比較的少ない
- ☐ 大型家具がない
- ☐ 費用を抑えたい

引っ越し専門業者

荷物が多い、引っ越し先が遠いならプロにまかせるのが安心。単身者向けのプランも豊富にそろっている。

こんな人に

- ☐ 遠方への引っ越し
- ☐ 荷物が多い
- ☐ めんどくさがり

自力で運ぶ

荷物を運ぶ車、人手がいれば費用が大幅に削減できる。ただし、労力や手間はかかることも忘れずに。

こんな人に

- ☐ 費用を抑えたい
- ☐ 手伝ってくれる人がいる
- ☐ 荷物が少ない

軽貨物運送業者

荷物が比較的少ない近距離の移動は費用が抑えられておすすめ。運ぶ作業を手伝うことになる。

こんな人に

- ☐ 近距離の引っ越し
- ☐ 荷物が少ない
- ☐ 費用を抑えたい

見積もりをとり、プランを決める

たとえば…

おまかせパック　単身者コース　フリー便

専門業者にお願いすることを決めた場合、まずは見積もりをとろう。一口に単身者向けといっても、各社さまざまなプランがあるため、比較検討してみることが大切。

知っておきたい引っ越し用語

☐ **つり上げ作業**

専用のロープやクレーンで、大型の荷物をベランダから搬入すること。

☐ **見積もり**(Web見積もり)

引っ越し作業におおよそいくらかかるかをあらわした金額のこと。

☐ **解梱、設置**

引っ越し業者が荷物の梱包をとき、指示どおりの位置に設置すること。

☐ **フリー便**

引っ越しの時間を、引っ越し業者のあきに合わせて行うプランのこと。

スムーズに引っ越しをするために準備すべきこと

入居日が決まったらすぐに引っ越し準備を開始。効率よく進められるように、シミュレーションをして。

荷ほどきしやすい荷造りのコツ

やみくもに物を詰めるのはNG。運ぶこと、荷ほどきをするときのことを
イメージして荷造りをすると、入居後がラクになります。

入居後すぐに使用するものは
セットで箱詰め

カーテンや掃除道具、ゴミ袋、ドライバー、
トイレットペーパー、ハンドソープ、調理
器具、簡易的な食器などは、すぐにとり出
せるようにまとめよう。

食器や本など重いものは
小さめの段ボール箱に詰める

持ち運びしやすいように、小さめの段ボー
ル箱に入れて。本は横にして重ねると折れ
曲がらないので安心。

食器は割れないように
ていねいに包む

接触して割れる可能性があるので、1つず
つ新聞紙などで包む。箱に詰めたら、すき
間ができないように丸めた紙を入れよう。

貴重品やすぐに使うものは
自分で運ぶ

現金や通帳などはバッグに入れて自分で管
理を。カギやスマホの充電器、ティッシュ
などもバッグに入れておけば探さずにすむ。

すぐに使わないものから
梱包する

シーズンオフの洋服や買いおきの洗剤、来
客用のグラスなど、引っ越し後すぐには必
要ないものから箱に詰める。

衣類は収納ケースに
入れたままでもOK
あかないようにテープでとめる

プラスチック製の収納ケースなどに入って
いる場合は、中身をとり出さずにそのまま
運んでOK。引き出し口はテープで封を。

箱の中身がわかるよう
側面に大きく記入

どの箱に何が入っているか一目でわかるよ
う、段ボール箱の側面2カ所に太い黒のマ
ジックで大きく中身や運び先を記入。

生活に欠かせない
家電・家具をそろえる

（ 家電 ）

使用頻度が高いものをそろえておけば、困ることはありません。

入居日にはそろえておきたい3大家電

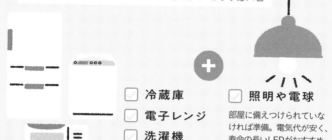

☐ 冷蔵庫
☐ 電子レンジ
☐ 洗濯機

☐ 照明や電球

部屋に備えつけられていなければ準備。電気代が安く、寿命の長いLEDがおすすめ。

冷蔵庫は120〜150ℓあるとストックもしやすい。洗濯機は5kgが目安。電子レンジは料理やお菓子作りをしないならオーブン機能なしで十分。

あとからでもOK

生活しながら必要かどうかを見きわめ、徐々にそろえても遅くないのであせらずに。

■ 掃除機
■ 炊飯器
■ テレビ
■ 電気ポット

（ 家具 ）

最初は必要最小限にし、部屋のサイズに見合ったものを選びましょう。

入居日にはそろえておきたい3大家具

☑ 寝具、カーテン
☐ テーブル　☐ 収納棚

☐ 脚立（踏み台）

カーテンや電球をとりつけたり、高いところの作業をするときに役立つ。

防犯のために遮像、遮光カーテンがおすすめ。ベッドか布団か悩んだらとりあえず布団に。収納棚はいくつも買わずにまず1つだけ厳選しよう。

あとからでもOK

おしゃれな生活を夢見て購入して、部屋が狭くなることも。吟味して決めよう。

■ ソファ
■ 食器棚
■ デスク

なくてはならないものは、実は限られています。冷静な目で賢く判断し、余計な出費を抑えましょう。

（ 生活用品 ）

家電・家具に気をとられて忘れがちなのが、生活必需品。実家でどんなものを使っているかを確認して購入しましょう。

入居日にはそろえておきたいもの

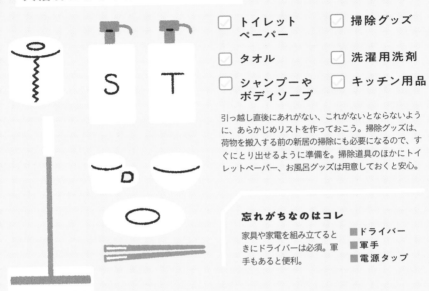

- ☑ トイレットペーパー
- ☑ タオル
- ☑ シャンプーやボディソープ
- ☐ 掃除グッズ
- ☑ 洗濯用洗剤
- ☐ キッチン用品

引っ越し直後にあれがない、これがないとならないように、あらかじめリストを作っておこう。掃除グッズは、荷物を搬入する前の新居の掃除にも必要になるので、すぐにとり出せるように準備。掃除道具のほかにトイレットペーパー、お風呂グッズは用意しておくと安心。

忘れがちなのはコレ

家具や家電を組み立てるときにドライバーは必須。軍手もあると便利。

- ■ ドライバー
- ■ 軍手
- ■ 電源タップ

ひとり暮らし先輩に聞いた！

 Q 買ったけどほとんど使っていないものは？

初めてのひとり暮らしだからと張りきって買いそろえたけれど、意外と使わなかったという声をまとめました。ぜひ参考にしてみて。

掃除機
「小さな部屋なら、フローリングワイパーやコロコロがあれば事足りる」。置き場所も意外ととる。

炊飯器
実は不要だったという家電No.1。土鍋や電子レンジで炊いたり、パックごはんで代用可能。

アイロン
「アイロン台が場所をとる」「形状記憶シャツにすればいい」。衣類スチーマーを購入すると◎。

テレビ
スマホやタブレットで動画を見ることが多く、「買ったけれど見ていない」という人が多かった。

フードプロセッサー
料理好きの人には便利だが「洗うのが大変で使ったのは2～3回。収納場所をとる」との声も。

コーヒーメーカー
おしゃれさに憧れて買ったはいいが、「大量に飲むわけではないから、ドリッパーで十分だった」。

引っ越し前後にこれだけはやっておきたいリスト

安心して引っ越し当日を
迎えるために押さえて
おきたい7ポイントはこれ。
段取りを確認して！

荷物搬入前 にやること

引っ越し当日の荷物搬入と入居後の生活をスムーズに
トラブルなく進めるために、荷物を運び込む前にやっ
ておくほうがいいことはこの3つ！

部屋の状況を最終チェック

前の住民がつけた傷や床のへこみなどが、
退去時に見のがされているケースも。荷
物を搬入する前に部屋全体を確認し、気
になる部分は証拠として写真におさめて。

退去時のことを考えたチェックポイント POINT

- □ 床や壁に目立つ汚れや傷はないか
- □ 網戸やふすまに破れた箇所はないか
- □ 換気扇やインターホンに
  異常はないか
- □ 玄関や部屋の扉は
  スムーズに開閉するか
- □ 排水管の詰まりやニオイはないか
- □ お風呂やトイレに
  目立つ汚れやカビはないか

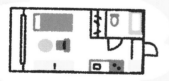

家具の配置を考えておく

あらかじめサイズを測って場所を
決めておくことで、引っ越し業者
に家具を設置してもらうときにも、
スムーズに指示ができる。

ライフラインの開通。特にガスは立ち会いが必要なので忘れずに！

ガスは開栓作業をしても
らわないと使えないので、
できれば1カ月前までに
日時を決め申し込みを。
電気・水道の使用開始の
申し込みも1～2週間前
までに。

荷物搬入後 にやること

搬入がすんだら、徐々に生活環境を整えていきましょう。のちのトラブルを回避するために、搬入時の傷や汚れのチェックも欠かさず行って。

新しい傷や汚れがついていないか確認

引っ越し業者を使った場合は、業者が帰る前に新居の傷や汚れを確認しよう。運搬中にぶつけた場面に遭遇したら、そのつど指摘してトラブルを回避しよう。

照明とカーテンのとりつけ

カーテンがないと部屋の中がまる見えで落ち着かないので、当日中にとりつけよう。高所の照明器具などは、引っ越し業者に作業を依頼するのもアリ。

家電の設置、設定

生活にすぐに必要になる最低限の家電は、使える状態に設定を。自分でやる自信がない場合は、引っ越し業者にお願いできるプランもあるので確認を。

必要なものから荷ほどき

すぐに使うもの、優先順位の高いものから荷ほどきをしていく。引っ越し業者を利用した場合、段ボールの無料回収があるので、期限内にすべて開梱しておこう。

初めての手続きあれこれ

役所や銀行ってどう利用すればいいの？

これまで親に頼ってきた各手続きも、実家を出ればひとりで行うことに。
届け出は期日を守ることも大切です。わからないことは窓口で相談しましょう。

引っ越し手続きで必要なこと

(市区町村の
役所・役場)

☐ 転出・転入届の提出

市民課や住民課で手続き。旧住所で転出証明書をもらい、新住所で14日以内に転入届を提出。

☐ マイナンバーカードの申請

新しい住所の記載が必要。転入先の市区町村の住民課や市民課で14日以内に住所変更を行う。

☐ 国民年金の住所変更

20才以上の学生は支払いの義務があるので新住所の役所で14日以内に住所変更をする。

☐ 国民健康保険の住所変更手続き

学生や会社員の場合は手続き不要。国民健康保険に加入している人は新旧住所で手続きを。

Q 平日に行けないときはどうするの？

A 一部手続きは夜間や土日に可能です

毎週ではないが、土日に窓口業務を行っている役所が多いので、HPで時間などを確認して。

日々の生活で利用できること例

Q 出張所やサービスセンターって？

☐ 住民票などの証明書発行

戸籍や住民票の写しなどの交付には本人確認書類の提示が必要。1通300円前後かかる。

☐ ゴミの出し方について問い合わせ

粗大ゴミなど、捨て方に困るゴミについて悩んだら役所に相談。適切な方法を教えてくれる。

☐ 日常生活の困りごとを相談できる

金銭問題や労働問題、健康問題など日常の心配事や悩みに対して無料相談窓口を設けている。

☐ ペットを飼ったら登録申請

犬を飼う場合には役所に申請し、狂犬病の予防注射を適切に受けさせる義務がある。

A 受けられるサービスに違いがあります

役所とは別に、駅近などアクセスしやすい場所に出張所やサービスセンターを設けている自治体も。できることは自治体ごとに異なるので事前に確認を。

（ 銀行 ）

CASE.2
**Webや
アプリで申請**

24時間いつでも申請できるので忙しい人にとって便利。本人確認書類を用意すれば印鑑レス。

CASE.1
窓口で申請

口座開設を希望する店舗で、平日9時～15時までに申請。1～2週間後に簡易書留でキャッシュカードが送られてくる。

必要なもの
- □ 本人確認書類
- □ 印鑑（店頭の場合）
- □ スマホ（アプリの場合）

**口座を
開設する
方法**

A 郵送や
ネットでも可

窓口・郵送・電話・インターネットなどから手続き可能。窓口ならその場で変更できる。

Q 住所変更は
どうしたら
いいの？

A 近くの銀行窓口で
変更の手続きを

通帳・本人確認書類・届出印・キャッシュカードを持って窓口へ。カードも再発行になる。

Q 暗証番号を
忘れたら？

（ 宅配便 ）

荷物を送る

スマホで送り状がつくれることも
宅配業者によっては専用フォームに届け先の情報を入力し、2次元コードを提示するだけで利用可能。

集荷依頼をすれば家に来てくれる
Webなどから依頼をすれば、指定した日時に来てくれる。集荷料金がかかる場合がある。

荷物を受けとる

時間指定にする
留守がちな人はあらかじめ時間指定にしておけば、確実に荷物が受けとれる。その時間は必ず在宅を。

コンビニや宅配ロッカーを指定
配達時間に在宅かどうか不確かな場合は、近くのコンビニや宅配ロッカーに届けてもらう方法も。

（ 郵便局 ）

郵便物を送る・貯金・保険加入

窓口で手紙や荷物を送れるほか、切手やはがきの購入、貯金の受付、入出金や送金、保険加入、ATMでは入出金や送金もできる。

コストを抑えて送りたい

レターパック
A4サイズ、4kgまで全国一律料金で送れる。信書も送れて追跡サービスのオプションあり。

ゆうパック
3辺合計が170cm以下、重さ25kgまで対応。小さくて重い荷物を送るときに安くすむ。

長期不在時は不在届を

旅行や帰省などで長期間家をあける場合、最長30日までなら届出期間終了後に配達してくれる。

知っておきたい

引っ越しのあいさつ、どうする？

ひと昔前は、引っ越し時のあいさつはマナーでした。
今の時代に合ったおつきあいの一例を紹介します。

301に越してきましたよろしくお願いします

よろしくお願いします 301

両隣へのあいさつは 防犯面を考え
省略する傾向に

特に女性のひとり暮らしの場合、無理に引っ越しのあいさつをする必要はありません。不用意に女性ひとりで暮らしていることを言わないことで、自分の身を守ることにもつながります。

同じ建物や近隣に 大家が住んでいれば
あいさつしよう

あいさつをいやがる大家もいるので、するかしないかは事前に契約した不動産会社へ相談するとよいでしょう。あいさつに行くときは1,000円程度の菓子折やタオルなどの消耗品を持っていきましょう。

500円以下の手土産に あいさつ状を添えて ポストに入れるのも手

直接顔を合わせるのはこわい、不安という場合は500円以下の手土産に簡単なあいさつ状を添えてポストに投函しておくのもよいでしょう。ハンドタオルや洗剤など、もらっても困らないものを選んで。

あいさつをする場合は 引っ越し作業の前に すませておこう

引っ越し当日はトラックが道をふさいだり、騒音を立てたりと迷惑をかける可能性があるため、事前にあいさつをすませておくとよいでしょう。なにかと忙しい午前中や、夜間の訪問は避けましょう。

PART 2

インテリア・収納

自分の好きなものに囲まれて過ごせるのが
ひとり暮らしの特権。狭いスペースでも
使いやすく、快適に暮らせるコツを紹介します。

狭い部屋を広く見せる5大ポイント

POINT 1 家具は低めを選び高さと奥行きをそろえる

収納力を考えると大きな家具を選びたくなるが、狭い部屋に置くと圧迫感が出て窮屈な印象に。また、複数の家具を置くときは高さと奥行きをそろえること。奥行きが少し異なるときは、いちばん奥行きのある家具に面をそろえて並べるとすっきり。

> **背の高い家具は入り口近くに置く**
> ドアをあけたときに目に入る部屋の奥に高い家具があると圧迫感が出るので、手前に置いて。

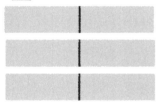

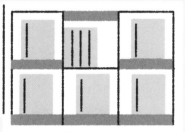

POINT 2 家具やファブリックは色と質感を統一

どんな部屋にしたいかイメージを固め、基本となる色を決める。色数が多いと統一感がなくなるので、3色までに。濃い色も避けて。

POINT 3 壁すべてを家具で占領しない

広く見せるには、圧迫感をなくすことが大切。壁一面に家具を並べると窮屈なので、余白をつくって。家具は腰より低いものを選ぼう。

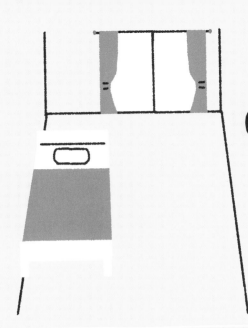

POINT 4 大きな窓をふさがない

外へ抜ける視界を開けることで、奥行きのある広い部屋に見える。ついベッドを窓に対し横向きに置いてしまいがちだが、閉塞感が出るので避けよう。ベランダに通じる場合、動線も悪くなるので大きな窓の前はあけておきたいもの。

POINT 5 デッドスペースを有効活用する

ベッド下やドアの裏、家具と壁のすき間などは、創意工夫で収納スペースになる！ 押入れや棚内部の上部、洗濯機置き場の上なども意外とスペースがあきがちなので、棚を入れたり突っ張り棒を使うなどして、収納スペースとして活用を。

ありがち2大NG

「とりあえずボックス」をつくる

家にあるものは指定席を決めるのが収納ルール。「とりあえず」をつくると、永遠にその中に入ったままに。常に決まった場所に片づける習慣を。

真っ先に収納グッズを買い集める

まず収納グッズを集めがちだけど、必要なものをとり出しやすく収納するプランを立ててから買い足すのが正解。

PART2
インテリア・
収納

2

いつでも友だちを呼べる散らかさない部屋づくり

ひとりだから散らかってもいいやという考えはNO！帰りたくなる部屋、人を招きたくなる部屋に。

---

5 フリースペースを確保する

部屋いっぱいに家具を置くのではなく、何もない空間をつくっておくと便利。物を整理する場所としてや、友だちが来たときには荷物置き場にもなる。

1 床に物を置かない

脱いだ靴下をちょっと置いておく、読みかけの本をちょっと置く……この「一時置き」が重なると、部屋は散らかるもの。床が見えることで部屋が広く見える効果もあり。

---

6 TVなどの配線はコンパクトに

家電はコンセントの位置を考慮して配置。コードがごちゃごちゃになっていると美しくないし、ホコリもたまりやすいので専用ボックスを使ってまとめよう。

2 棚などで仕切る

ワンルームや1Kは生活にメリハリをつけるためにも、収納棚でリビングと就寝場所などの空間を区分けするのがおすすめ。玄関からの目隠しにもなる。

---

7 見せる収納でおしゃれに

よく使うアイテムはインテリアの一部として見せる収納にするのも手。帽子やアクセサリー、カップなどを飾っても。ただし、ホコリがつきやすいのでこまめに掃除を。

3 物の定位置を決める

リモコンはテーブルの上、ハサミは引き出しの中など、物の定位置を決めておけば、そこに戻すだけで片づく。「とりあえず」ではなく、定位置に戻す習慣を。

---

8 グリーンを置いて視線をそらす

手入れが簡単な観葉植物をポイントに置けば、そこに視線が行くので部屋のごちゃつきが気にならない。毎日の生活の中でもいやしになるので、とり入れてみて。

4 ゴミがすぐに捨てられるようにする

捨てに行くのがおっくうになるとゴミが散乱するので、便利な場所にゴミ箱を設置。フローリングワイパーなどの掃除道具も、すぐにとり出せる位置に置いておこう。

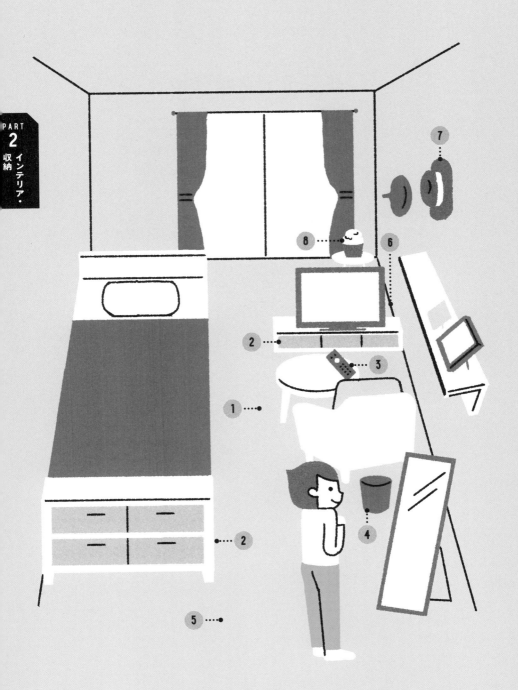

在宅ワーク時代の
部屋づくりヒント

働き方改革や感染症対策などによって、在宅ワークや
オンライン授業が定着しつつあります。作業がはかどる部屋づくりを。

大きめのテーブルにして
作業台兼食事スペースに

部屋が狭く机が置けない場合は、大きめのテーブルを選んで。食事をしながら作業をしがちだけど効率が悪くなるのでNG。食事ゾーンと作業ゾーンに分けるのも手。

オンライン会議に備え
何もない壁を残す

画面に映る背景は、できるだけシンプルにしたいもの。家具や飾りがない壁面をつくっておくと、急な会議でも安心。無地のカーテンを背景にするのも手。

仕事道具は
一つにまとめる

専用ボックスをつくり、仕事関連のものをひとまとめに。就業時間後は目に入らない場所に置くか、布で隠し、くつろぎ時間の邪魔にならないようにするのもポイント。

パーテーションを使い
オン・オフを切りかえ

寝る、食べる、仕事（勉強）を一つの部屋で行うとメリハリがつきにくいので、収納棚で仕切る、カーテンをつけるなどし、作業スペースとくつろぎスペースを分けて。

ちょっといいイスに
してみる

長時間座っているので、腰や背中が痛くならないようイスにもこだわりたい。ローテーブルで作業をする場合も座イスやクッションを使って背中が丸まらないように。

照明に
こだわってみる

作業に集中するためには照明も重要。手元を照らすデスクライトを設置しよう。明るさを調整できるLEDライトがおすすめ。オンライン会議でも顔が明るく見える。

ごちゃつく小物のすっきり整理術

(書類・郵便物)

不要なチラシやDMはすぐに処分

ポストから出したら不要なものはすぐにゴミ箱へ。DMはあて名部分を切ったりスタンプでつぶし、読めない状態にして捨てよう。

説明書や契約書はファイルに分類

賃貸借契約書や家電の説明書、保証書は種類ごとにファイルに入れて保管。請求書類はクリアファイルに入れて、1カ所にまとめておく。

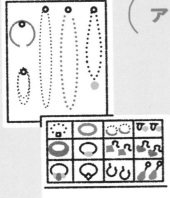

(アクセサリー)

日常使いする1軍はとり出しやすく並べる

いつも使うものは決まってくるもの。1軍のみ手にとりやすいように仕分けし、見せる収納に。ネックレスはからまないようにつるすといい。

(化粧品)

アイテムごとに分けクリアボックスに

持っているものを把握できるように中身が見えるボックスに入れて。ボトルは立てて、リップやマスカラは寝かせて引き出しにおさめると使いやすい。

こまごましたものほど散らかりやすいので、指定席をつくることが大切。「増やさない」も心がけて！

クローゼット収納 ゾーン分けが決め手。

効率よく整理、収納するには、物の指定席を決めるのがルール。クローゼット内も場所決めを。

（ クローゼットの場合 ）

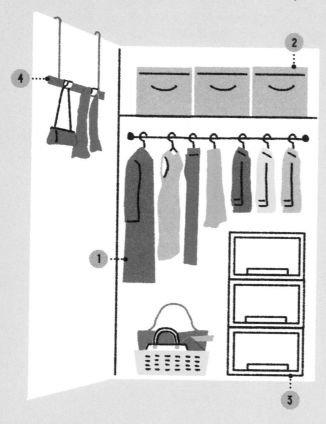

3 下着や Tシャツは クリアケースに

中身が見える透明か半透明で、深すぎないものが整理しやすい。

4 扉の裏も活用し つり下げ収納に

ドア用のフックを使ってバッグやベルト、スカーフなどをかける。

1 衣類は丈を そろえてつるす

短い丈のものの下にすき間ができ、棚やかごを置くことができる。

2 使用頻度が 低いものは 上段に

シーズンオフのもの、アウトドア用などジャンルごとにまとめて。

押入れの場合

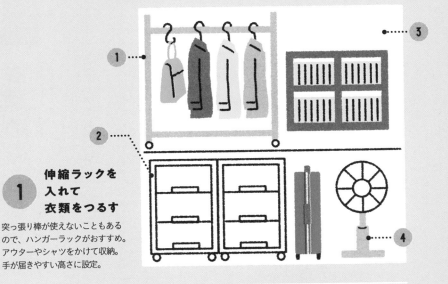

1 伸縮ラックを入れて衣類をつるす

突っ張り棒が使えないこともあるので、ハンガーラックがおすすめ。アウターやシャツをかけて収納。手が届きやすい高さに設定。

2 キャスターつき引き出しを下段に

押入れの下段にキャスターつき衣装ケースを。よく使うものを上、季節外は下に入れて。奥行きを生かして前後に並べても。

3 ぎっしり詰めずに余白をつくる

物を詰め込みすぎると奥のものがとり出しにくくなる。無理に詰めずにあきスペースを残して。パンパンに詰め込むと使いにくい。

4 重いものやすぐ使わないものは下段の端へ

扇風機やスーツケースなどは押入れの下段におさめる。スーツケースに収納すると中身を忘れがちなので、旅行関連のものだけに。

クローゼット＆押入れ収納

適量を超えたら処分する

指定席を決めたスペースに入りきらなくなったら、整理をして減らそう。7〜8割にとどめておくのがポイント。

物に指定席を決めて見える化

日常使いするものは肩から腰の高さの位置に、あまり使わないものは上か下へ。指定席を決め、使ったら戻すこと。

ハンガーは薄いものに統一

厚みのあるハンガーはそれだけでスペースをとってしまう。薄型にするだけでぐんと収納力がアップ。

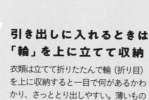

引き出しに入れるときは「輪」を上に立てて収納

衣類は立てて折りたたんで輪（折り目）を上に収納すると一目で何があるかわかり、さっととり出しやすい。薄いものや小さいものはブックエンドなど仕切りを使うと倒れずにきれいにおさまる。

アイテム別たたみ方

（ 下着 ）

女性

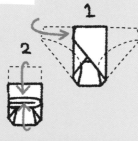

左側1/3を折り、同様に右側も折る。ウエストのほうから1/3を折り、下からも折ってゴムの中に入れ込む。

男性

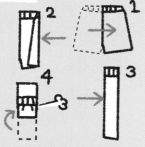

まん中で縦半分に折り、左右それぞれ1/3を折る。ウエスト側から1/3折り、すそ側をゴムの中に入れる。

（ Tシャツ ）

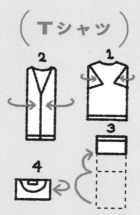

背中側を表に向けて広げ、そでを縫い目に沿って折る。両わきを背中の中心で合わせたら、すそから折りたたむ。

（ 靴下 ）

くるぶし丈の場合、靴下を重ねてはき口を折りたたみ、外側のつま先部分を外側のはき口の中に入れ込む。

引き出しの収納力を上げる

衣類のたたみ方

コンパクトにたたむことも大切ですが、見やすくとり出しやすいことも重要。スッキリ収納を目ざして。

家の顔は常にきれいに。玄関・靴箱の収納

毎日の出入りだけでなく、宅配便の受けとりなどで人から見られる場所。まめな掃除で清潔感を保って。

（ 玄関 ）

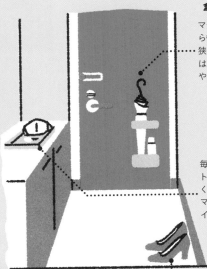

ドアにつけられる傘立てを活用

マグネット式の傘立てなら省スペースで収納でき、狭い玄関もスッキリ。傘は2〜3本までにし、増やさないよう注意。

カギなどをひとまとめにしておく

毎日持ち歩くものは、セットにして玄関に置いておくと便利。カギ、ハンカチ、マスク、時計などをトレイやかごに入れて。

外に出す靴は1足までにする

その日にはいた靴の湿けをとるために1足だけ出し、あとは靴箱へ。何足も出すのはNG。

（ 靴箱 ）

ふだん使いの靴の箱は処分する

箱だけで場所がとられてしまうので、潔く捨てよう。靴を買うときに「箱はいりません」と断るのもあり。

靴箱がない場合は見せる収納を楽しむ

コンパクトな収納ラックを利用したり、透明なケースに入れたり、お店のようにディスプレイするのもおしゃれ。

収納グッズでスペースを有効に使う

「コの字形ラック」などで収納力をアップ。高さを合わせて並べると、上部の空間も収納に使える。

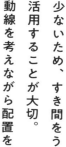

とり出しやすさにこだわる キッチン収納

狭いキッチンは収納量も少ないため、すき間をうまく活用することが大切。動線を考えながら配置を。

5 収納ラックで高さを有効活用

シンク下収納は高さを利用。コの字形ラックなどで2段、3段にすれば収納力がアップ。奥に物が隠れないよう引き出しやすい工夫を。

1 透明ケースで中身を見える化

食器や食品は、中が見えるケースに種類別に入れるのが基本。何がどこにあるかわかるのでとり出しやすく、使い忘れもなくなる。

6 油などはまとめてトレイに置く

料理で使う油や調味料類はまとめてかごやトレイに入れておけば、さっととり出せる。汚れ防止のために底にシートを敷いておこう。

2 フライパンは立てて収納

フライパンは平置きするよりも立てて収納したほうがスペースをとらず、とり出しやすい。ファイルケースを使うとおさまりがいい。

7 必要なものだけを外に出す

いつも使う、すぐ食べるからと、なんでも外に出すとごちゃごちゃした印象に。玄関から見えやすい場所なので、極力棚の中に収納を。

3 よく使うものは手の届くところに

まないたや菜箸、調味料など日常使いするものは、動線に合わせて配置。ガスコンロ周辺は、火事になりやすいので極力物を置かないで。

4 引き出し内は仕切って定位置を決める

種類別や自分用、来客用などパッと見てわかりやすく分類する。よく使うものは手前に配置。仕切りケースを使えば迷子にならない。

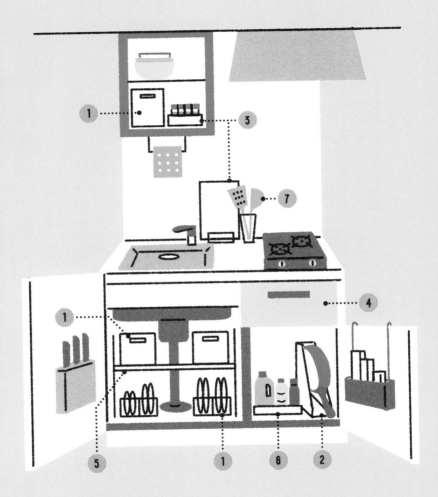

使いかけや
ストック品は縦置きに

消費期限が近いものを手前に置き、
順に使っていけばムダにしない。
使いかけも透明の袋に入れて見え
る化を。定期的に中を確認しよう。

(トイレ)

収納がない家は
突っ張り棒で
ストック棚を作る

水栓タンクの上部などはデッドスペースになりがち。突っ張り棒で棚をつけてトイレットペーパーや洗剤置き場に。かごなどとり出しやすいケースに入れて目隠しを。突っ張り棒・棚には耐荷重があるので、重さに合った使いかたを。消耗品を床に置くと汚れがたまりやすいので避けよう。

(洗濯機回り)

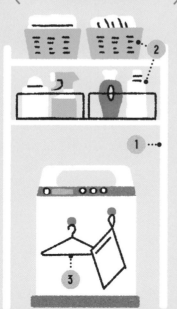

1 コンパクトな ラックを設置

省スペースにも置けるランドリーラックを使うのがお手軽。洗剤だけでなく、タオルやストック品も置ける。

2 洗濯に必要なもの はまとめて収納

洗剤や洗濯ネットなど洗濯グッズは1カ所にまとめて収納。ワンアクションで使えると効率がよくなる。

3 マグネットを使った つり下げ収納

洗濯機にはマグネットがつけられるので、市販のフックや収納ラックをとりつけるのも手。

PART 2
インテリア・収納

8

収納 トイレ、浴室、水回りの

最小限の広さしかなく、収納がないことも多い場所。市販のグッズを利用して、使い勝手をよくしましょう。

（ 洗面台 ）

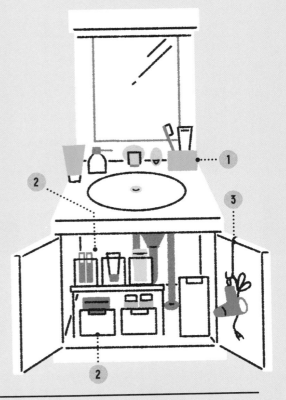

1 日常使いの
ものだけ外に出す

歯ブラシやハンドソープなど毎日使
うものだけを見えるところに置く。
余計なものは置かないのが鉄則。

2 ストック品は
かごに入れて
グループ分け

洗剤やシャンプーなどの買いおき品
は引き出しやすいかごに入れておく。
不足品が一目でわかるようにする。

3 扉裏に
ドライヤーをかけて

置く場所に困るドライヤー。扉の裏
にフックをつけたり、ホルダーを設
置して収納。コードもまとめておく。

（ 浴室 ）

浮かせる収納が鉄則

ボトルを床にじか置きするとぬめりやカビが発
生しやすい。ボトル用フックやクリップ式フッ
クを使い、タオルバーなどにつり下げて。

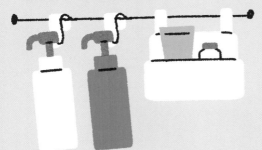

タオルは丸めておくと
とり出しやすい

丸めて立てるか、輪を上にして収納
すると、さっととり出せる。同系色
でまとめると見た目もきれい。

部屋の中を見渡し
死角を探すべし！

すき間をねらって収納するのではなく、使いやすい場所に
物がおさまることが大切。必要な場所に物が置けるかを考えて。

デッドスペースを活用して収納を増やす

物を増やすためではなく、
生活しやすくするために
収納場所を確保しましょう。
便利グッズもとり入れて！

側面・扉の裏
を使う

キッチン回りは側面を活用すると
調理がしやすく、ムダな動きがな
くなる。マグネットつきのラック
にラップや調味料を入れてみて。
中身の見えるマグネットつきマル
チケースも小物の整理に便利。

ここが使える

■冷蔵庫　　■玄関ドアの裏
■洗濯機　　■収納の扉の裏

壁
を使う

ピクチャーレールがついているな
ら、壁に穴をあけずにつり下げ収
納が可能。ウォールポケットやワ
イヤーネットで小物の収納を。パー
テーションラックや、押しピンで
つけられる小棚を利用する手も。

ベッド下 を使う

脚つきマットレスなどの下の空
間があいているならキャスター
つきのケースを使って収納を。
ホコリや湿けがたまりやすい場
所なので、定期的に外に出して
掃除すること。

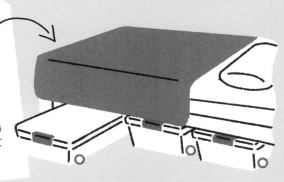

高さ・奥行き を生かす

幅は狭くても高さや奥行きが余っ
ている場所はいくつもあるはず。
突っ張り棒・棚を渡して上部の空
間も活用。ただし、強度がない壁
にとりつけると落ちてくるので、
確認してからとりつけよう。

数cmのすき間 を使う

洗濯機と壁の間にはピンチハンガ
ーを、冷蔵庫と壁の間にはフローリ
ングワイパーを置いてもよし。細
い突っ張り棒を渡して物をひっか
けることもできる。姿見の後ろに
掃除道具やゴミ箱を置くのもあり。

ひとり暮らし先輩に聞いた！

Q 買ってよかった収納グッズは？

ひとり暮らしを半年、1年と続けていく中で「これは便利！」と実感したグッズを教えてもらいました。購入するときは、部屋のサイズに合わせるのを忘れずに！

ファイルボックス

書類の整理はもちろんのこと、「フライパン入れに」「ショッパーの整理」「キッチンペーパーやラップのストック」など幅広く活用。

突っ張り棒 & S字フック

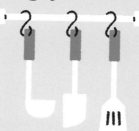

キッチン、浴室、靴箱とどんなところでも使える突っ張り棒。「狭いところに使うなら細いタイプ」。S字フックとのセット使いを。

ブックエンド

引き出しの仕切りとして100円ショップのブックエンドを使う人も多い。「お皿を立てたり、冷凍庫の整理にも使いやすい」

プラスチックケース

無印良品やニトリ、IKEAなどで半透明のケースを大きさ違いでそろえる人が多数。「部屋に統一感が出るし、買い足しやすい」

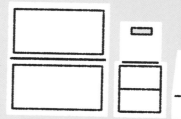

はがせるフック・
マグネットフック

壁にはってもきれいにはがせるフックがあれば、絵や写真を飾ったり、バッグをかけたりも可能。マグネット式は玄関ドアや冷蔵庫、洗濯機につけてつり下げ収納に。

圧縮袋

シーズンオフの布団やアウターをコンパクトにしまうために利用。ペタンと薄くなるので、限られたスペースでもおさまる。圧縮する前に入れるものを洗濯するのを忘れずに。

カラーボックス

サイズも豊富で縦置き、横置きと自由に使えるので模様がえもしやすい。ひとりで組み立てられるのも利点。カラーボックスに天板をのせれば簡易的な机にもなる。

収納グッズは
耐久性やサイズを
見きわめて購入しよう

POINT

安価なプラスチックケースは壊れやすいものもあるので注意しよう。収納グッズは「大は小を兼ねない」ので、収納するものに対してぴったりサイズを選ぶことが大切。

キャスターつき
3段ワゴン

「ふたつきのワゴンは調理中の作業台にもなる」「化粧品を入れてメイク台に」「S字フックをかければ、さらに収納力アップ」

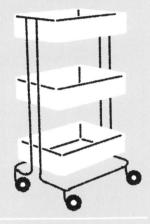

ファスナーつき
保存袋

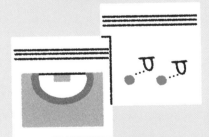

食品保存のほか「小サイズにピアスを収納」「レシート整理に」と用途はさまざま。旅行のときに着がえを入れるのにも便利との声も。

物を増やさないために！
1年に1回は持ち物を整理

暮らしていくうちに自然と物は増えていくもの。定期的に手放す習慣を。

整理の手順

1 | **エリアごとに物を
すべて出す**

1日1カ所と決めて、化粧品入れや靴箱、掃除道具入れなどそのエリアにあるものを外に出す。

2 | **よく使うもの、
使っていないものに分ける**

広げたものを眺めて、日常的に使っているもの、月1回程度、全く使っていないものに分別。

3 | **劣化したもの、
不要なものを処分する**

よく使うものでも古くなっていたら捨てる決心を。使わないものはフリマやリサイクルに出しても。衣類は洗濯ものをたたむときにこまめにチェックするのも手。

アイテムごとの判断目安

衣類

着ていない服の中で迷ったら、手元にある服でコーディネートできるかを考える。

化粧品

2シーズン使っていないものは処分対象に。サンプル品も1年使わなければ処分を。

靴

はいていない理由が「痛い」「窮屈」「デザインに飽きた」なら手放すことを検討。

書類・本

説明書やプリント類は電子化して処分してもOK。本は読み返したいものだけを手元に。

キッチン回り

食品は消費期限を確認。「いつか使うかも」と買ったものの1年使わなければ処分対象。

掃除道具

あれこれそろえた洗剤の中で半分も使っていないものは処分。汚れたスポンジも新品に。

PART 3

掃除・片づけ

部屋が汚くても怒られることがないので、
散らかったままになりがち。掃除の習慣を
身につけ、居心地のいいきれいな部屋をキープ。

どこにでも使える
スタメン掃除道具

ひとり暮らしの掃除道具は
最低限でOK

用途別にたくさんの洗剤があって迷うけれど、マルチに使える
中性洗剤をまず用意。スタメン道具は引っ越し当日までに準備を。

用途ごとに洗剤をそろえて
いるとコストがかかり、
置き場所もとるもの。
厳選してそろえましょう。

床や天井掃除に
フローリングワイパー

髪の毛やホコリとりなど床掃除に。柄
が長いので天井や壁掃除にも便利。

中性洗剤
1本あればいい

1本で家じゅうに使える住居用の中性
洗剤か、食器用洗剤でふき掃除は十分。

各所に置きたい
メラミンスポンジ

洗剤を使わずに水だけで汚れを削り落
とす。研磨剤のようなもの。

つけおき洗いには
酸素系漂白剤

漂白効果があり、しつこい汚れや油汚
れ、茶渋落としなどに使える。

さっとひとふきに便利
ファイバークロス

吸水性、速乾性にすぐれホコリや汚れ
をキャッチ。ガラスも傷つけない。

アルコール除菌
スプレーは万能！

キッチン用品の除菌や排水口などの消
臭、水あかや軽い汚れ落としにも。

使い捨てシート
（ドライ＆ウエット）

フローリングワイパーにつけて使用す
るほか、各所のふき掃除に使用。

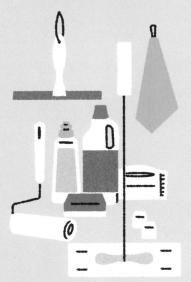

こすり洗いには
スポンジを

食器洗いや浴室掃除などに。使う場所
に合わせてかたさや大きさをかえて。

髪の毛とりには
粘着クリーナー

ラグやソファなど布製品についた小さ
なゴミや髪の毛をキャッチ。

あると便利な2軍掃除道具

毎日の掃除をよりラクにしてくれるアイテムを厳選。
新居で生活をしていく中で、買い足していけばOK。

バケツ

つけおき洗いや災害時の水くみ用に。
場所をとるので折りたたみ式を選んで。

コンパクトな掃除機

置き場所をとらない充電式のスティッ
クタイプやハンディタイプが便利。

ミニほうき＆ちりとり

食べこぼしやすき間のホコリとり、窓
のサッシ、玄関掃除などに使える。

ハンディワイパー

家具、家電についたホコリをさっとと
るのに便利。つけかえタイプを。

クエン酸＆重曹

洗剤の代用品として。水あかにはクエ
ン酸、油汚れや消臭には重曹を。

使い古した身近なものも掃除道具になる

(**Tシャツ**)　(**ストッキング**)　(**靴下**)　(**歯ブラシ**)

小さくカット
してウエスに

水あかをこすり
とりピカピカに

手にはめて
ホコリとりに

角や隅っこも
こすりやすい

お皿の油汚れのふきと
り、台ふき、トイレ掃
除などに。適当な大き
さに切り、ストックを。

編み目がこまかく化繊
でできているのでふき
掃除やホコリとりに。排
水口のネットとしても。

使い捨てぞうきんとし
てコードやドアの縁、
カーテンレールなどに
ついたホコリ掃除に。

排水口やタイルの目地、
窓のサッシ、蛇口、便
器の縁など隅っこ掃除
にぴったり。

時短でキレイ！掃除の基本ルール

手順をまちがえると汚れを広げてしまうことも。効率よく掃除ができる基本を頭に入れておきましょう。

RULE 1 出しっぱなしのものを片づけてからスタート

洋服や本、化粧品など外に出ているものは指定席に戻して片づけを。床に物がない状態にしておく。

RULE 2 一定方向にふく

床や窓、テーブルなどふき掃除をするときは、往復でふかないこと。折り返し地点に汚れがたまる。

RULE 3 上から下へ、奥から手前に

ホコリは上から下へ落ちるので、照明など高い場所から開始。ふき掃除は奥から手前に向かって。

RULE 4 ホコリを落としてから水ぶきを

まず、からぶきで床のホコリやゴミをとる。いきなり水ぶきするとホコリがへばりつくので注意。

RULE 5 最後に広い目でチェックをする

こまかい汚れに目がいきがちなので、見落としがないか広い視野で家じゅうを見て回ろう。

ながら掃除＆スキマ時間でキレイを保つ

● **立ち上がったついでに片づける**
部屋が散らかる原因は「あとでやろう」の積み重ね。ついでに1つでも片づける習慣をつけて。

● **朝の1分掃除を習慣化する**
1分あればテレビのホコリをとる、靴をしまう、鏡をふくくらいはできるもの。1日1カ所でも実践。

● **スポンジやシートは使いやすい場所に置く**
掃除道具を出すところから始めると面倒になるもの。さっと使える場所に置くのがおすすめ。

汚れ、カビがつく前に やっておきたい予防掃除

汚れはためてしまうと
落としにくくなるもの。
極力汚れがつかないよう、
ひと手間かけておきましょう。

いため物をするとどうしても
油が飛び散ってしまうもの。
コンロ回りにカバーをとりつ
けておけば、とりかえるだけ
で掃除がラクに。

お風呂は防カビ剤を 定期的にたく

黒カビは一度発生すると、落
としてもしつこくあらわれて
くるので、予防が大切。防カ
ビ用のくん煙剤なら手が届き
にくい天井まで除菌できる。

白マスキングテープで 水回りを保護

洗面台や浴室ドアのシリコン
コーキングは汚れがたまりや
すい場所。水にも強いマスキ
ングテープをはって保護。汚
れたらテープをはりかえる。

換気扇、通気口には フィルターをつける

ギトギト汚れを防ぐためにコ
ンロ上の換気扇にフィルター
をつけて。トイレや風呂場の
換気扇、部屋の通気口も汚れ
やすいのでつけておくと安心。

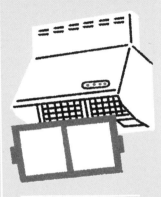

クローゼットや 押入れには除湿剤

湿けがたまりやすく、壁や衣
類にカビが生えやすい場所。
除湿剤を入れておこう。物を
ギュウギュウに詰めない、定
期的に換気することも大切。

抗菌・消臭・ 防カビシートを活用

衣装ケースや食器棚、靴箱な
どに抗菌・消臭シートを敷い
ておけば汚れ防止に。シンク
下や冷蔵庫内もベタベタしが
ちなのでシートを活用。

キッチン掃除のルーティン

―――（ コンロ回り ）―――

週1回
**五徳や受け皿を
中性洗剤で洗う**

焦げつきや油汚れが気になったら、五徳などのパーツをとりはずして中性洗剤を使ってこすり洗い。よく乾かしてからガス台に戻す。

いつも
**コンロがあたたかい
うちにサッとふきとる**

油汚れは冷えて固まると落ちにくくなるので、使用直後にウエスや使い捨てシートでふきとって。お湯を使うとよりきれいに落ちる。

必要なら
**酸素系漂白剤に
つけおきする**

こびりついた汚れはつけおき洗い。バケツや二重にしたゴミ袋にお湯と酸素系漂白剤、五徳などを入れて30分〜1時間ほどおく。歯ブラシなどでこすり洗いをする。

週1回
**コンロのすき間を
歯ブラシでかき出す**

ビルトインタイプのガスコンロは設置部分にすき間があり、そこに汚れが入り込みやすい。歯ブラシやようじを使って汚れをかき出す。

―――（ シンク回り ）―――

必要なら
**水あかには
クエン酸スプレー
を吹きかける**

水100mlにクエン酸小さじ1/2が目安。吹きかけてからスポンジでこすり洗いを。

週1回
**排水口の詰まりを
歯ブラシで
かき出す**

受け皿やかごをとり出し、中性洗剤でこすり洗い。最後に除菌スプレーを吹きかけて。

いつも
**中性洗剤で
汚れを落とし
からぶき仕上げ**

中性洗剤でシンクの側面や排水口、蛇口を洗う。水あかがつかないように水けをふきとる。

換気扇

年1～2回

分解してつけおき洗い

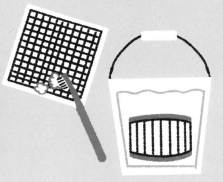

金網やファンをとりはずし、酸素系漂白剤につけおき。お湯を使うと油汚れが落ちやすい。すべて洗ってすすいだら、よく乾かしてから戻すこと。材質によっては酸素系漂白剤は使用できないので確認を。

いつも

レンジフードの外側と内側をふく

コンロを使用後は油汚れをふきとること。お湯でぬらしたウエスや使い捨てシートでふけば、汚れが蓄積せずにすむ。

月1回

フィルターカバーを交換

汚れ防止でつけているフィルターも定期的に交換。毎日料理をしているなら月1回、あまりしないなら3～4カ月ごとに。

冷蔵庫

半年に1回

食品をとり出して庫内を
アルコール除菌スプレーでふく

庫内はアルコール除菌スプレーを使ってふく。棚はとり出し中性洗剤で洗う。扉のパッキンは綿棒を使うと汚れがとりやすい。

いつも

棚の汚れが
気になったらふきとる

汁や食べ物のカスが気になったら水ぶきを。ベタつきがあるときは、お湯やアルコール除菌スプレーを使って落として。

浴室は「ながら掃除」で汚れをためない

少しでも手を抜くとぬめり、水あか、カビが発生する場所。毎日、入浴しながら掃除するのがいちばんラク！

毎日できる「ながら掃除」

お風呂掃除のために時間をさかなくても、
お風呂に入りながら気になる汚れを落とせば効率がよく、ラクちんです。

ボディソープの泡を利用してタイル掃除

皮脂汚れを落とすボディソープやシャンプーでもお風呂掃除は可能。歯ブラシやブラシにつけてこするだけ。よくすすいで。

天井や壁の水滴をしっかりとふきとる

カビを防ぐにはお風呂上がりに壁や床に冷水をかけ、タオルで水滴をとり除くとベスト。窓用の水きりワイパーを使うのも◎。

目についた汚れをスポンジで落とす

湯げで汚れがふやけて落としやすくなっているので、スポンジでこするだけでもスルリと落ちる。お風呂を出る直前でもOK。

排水口の髪の毛をとってから出る

ため込むと排水が悪くなるので、その日のうちにとり除いて。排水口ネットを使うとさらにラク。

シャワーカーテンは重なりがないよう広げて出る

せっけんカスをお湯で流し、浴槽や壁につかないように広げる。タオルで水けをふくとさらに◎。

週1掃除でぬめりやカビをブロック

イスや風呂のふたは
浴槽につけおき洗い

ぬめりが気になるときは、浴槽にためたお湯を利用してつけおき。酸素系漂白剤を入れ、一晩おいたらすすぐだけ。

排水口の内部まで
しっかりと洗う

ゴミ受けの髪の毛をとるだけでは、しだいに詰まってしまう。ゴミ受けをはずし、歯ブラシなどで奥まで掃除しよう。

蛇口は歯ブラシを使って
細部まで掃除

ハンドルやレバーはスポンジで、水が出る吐水部分は歯ブラシでこすって。シャワーヘッドの穴もあわせて掃除を。

PART
3
掃除・
片
づけ

水あか、カビが発生したとき

注意!!

- ■ ほかの洗剤とまぜない
- ■ 換気をしながら使う
- ■ 手袋をつける
- ■ しっかりと水で流す

ジェル状
カビとり剤
を使って落とす

生えてしまったカビには塩素系のカビとり剤を。たれにくく密着度の高いジェル状のほうがおすすめ。

鏡のしつこい
水あかはクエン酸
スプレーでオフ

クエン酸水（P54）を吹きかけ、ラップパックをして30分ほどおく。ラップを丸めて円を描くようにこする。

毎日のカビ対策

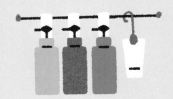

換気扇は
つけっぱなしに

入浴後は必ず換気扇をつけて浴室を乾燥させること。換気扇をつけているときはドアをしっかり閉めて。

物は床に置かず
つり下げ収納に

ボトルの底と床の接着面に水がたまり、ぬめりやカビのもとに。フックなどを活用してつり下げておこう。

トイレ、洗面所はちょこちょこ掃除がラク

— 〉〉 —

汚れだけでなくニオイも気になるエリア。汚れがつきやすいので、予防も兼ねてこまめな掃除で清潔に。

（ トイレ ）

ニオイのもとはココから！
汚れがたまりやすい場所

便器だけでなく、床や壁にも汚れが飛び散り付着しています。トイレ単体ではなく、一つの部屋を掃除する気持ちで臨んで。

床と壁
特に男性の場合は尿があちこちに飛び散っているので気をつけたい。

**床との
つなぎ目**
つなぎ目にも汚れが落ちてたまるので、忘れずに掃除したい場所。

**タンクの
水受け**
水あかやホコリがつきやすい。放置すると黒ずみになる。

**タンクと
便器のすき間**
ホコリはもちろん、はねた尿の汚れもついていることがある。

便座の裏
尿はねや便の汚れがつき、放置すると落ちにくくなりニオイも発生。

ふき掃除の手順

**1 | ドアノブや
ペーパーホルダー**

汚れが軽いドアノブやドア、トイレットペーパーホルダー、シャワートイレのリモコンのホコリをふきとる。

〉〉

2 | トイレタンク、便器

次に便器回りをふく。トイレタンク、便器のふた、便座、便器の中、外側の順でふいていくのがベスト。

〉〉

3 | 床と壁

目に見えないだけで尿はねがついて、ニオイの原因になっているので、シートでまんべんなくふき上げて。

1日の終わりに
ウエットシートでの
ふき掃除を習慣にする

1日に2〜3回しか使っていなくても目に見えない汚れがついています。便座や床など汚れがつきやすい場所だけでも使い捨てのシートでふき、気持ちよく1日を終えましょう。

週1で便器の内側をこすり洗い

こまめなふき掃除に加え、週に1回程度は便器の中や縁の裏側を、
中性洗剤とブラシで洗いましょう。

PART
3
掃除・
片
づけ

ブラシを使って
縁裏まで磨く

中性洗剤を便器の中と縁
裏にスプレーする。数分
おいてからブラシで隅々
までこすって汚れを落と
す。縁裏はブラシが当た
りにくいので、歯ブラシ
でていねいに。

落ちにくい汚れは
トイレットペーパーで洗剤パック

こびりついた尿石や黒ずみには、洗剤パックがお
すすめ。トイレットペーパーを汚れが気になる部
分に敷き、その上から洗剤をかけて浸透させる。
数分放置してからブラシでこすり、流すだけ。

> **トイレブラシは洗って**
> **乾燥させること**
> 雑菌が繁殖しやすいので、よく洗い天日
> 干しをする。最近は使い捨てブラシもあ
> るので、それを利用するのもあり。

(洗面所)

使うたびにさっとふく習慣を

水あかやカビ防止には使用直後に水けをふきとるのがいちばん！

週1回

蛇口は
吐水口まで磨く

レバーだけでなく、吐水口の汚
れもオフ。白く固まったカルキ
汚れにはクエン酸水（P54）を。

いつも

メラミンスポンジで
ささっとこする

洗面台にスポンジをスタンバイ。
水けがあるうちにこすれば、く
すみがなくピカピカに。

月1回

排水口のニオイには
専用クリーナーを

髪の毛や歯磨き粉などがたまり、
雑菌が繁殖してニオイが発生。
パイプクリーナーで洗浄を。

床はホコリとり＋水ぶきでさっぱり

狭い部屋だからこそ床は常に清潔にしておきたいもの。ホコリはすぐにたまるので、こまめな掃除習慣をつけて。

（ フローリングの場合 ）

ホコリを舞い上げずに掃除ができるフローリングワイパーが便利。木目に沿ってふくのが基本。

いつも

1 | 床のものを片づけて奥から手前にフローリングワイパーでふく

外に出ているものは定位置に片づける。ドライシートを使い、木目に沿って奥から手前に向かってふく。ベッド下や部屋の隅も忘れずに。

2 | ウエットシートでベタつきやザラつきをとる

こまかいホコリや皮脂汚れをウエットシートでふきとろう。水ぶきの場合は、ふいたところを踏まないように後ろ向きで行うといい。

週1回

床と壁の間にある幅木のホコリも忘れずとる

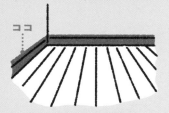

ココ

フローリングと壁とのつなぎ目にある幅木にもホコリがたまっているので、ふきとろう。

週1～月1回

汚れが気になる箇所は中性洗剤を薄めてふく

食べこぼしなどの汚れは、中性洗剤でふきとって。こびりついているときは、カードでこそげとる。

天井の汚れもフローリングワイパーでふく

半年に1回は天井と壁の掃除を。柄が長いフローリングワイパーなら女性でもラクに届く。

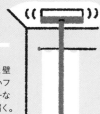

（ カーペット の場合 ）

ラグやカーペットには、掃除機と粘着シートの
合わせわざがおすすめ。
奥に入り込んだゴミもしっかりとり除いて。

必要なら

**シミ汚れは中性洗剤を
薄めてタオルに
含ませてふく**

食器用洗剤を薄めた液をタ
オルに含ませ、たたいて落
とす。酸素系漂白剤でも
OK。最後に水ぶきをする。

いつも

**掃除機と
粘着クリーナーで
ホコリや髪の毛をとる**

掃除機はゆっくり動かし、
縦・横両方向からかける。
中に入り込んでいる髪の毛
などは粘着クリーナーで。

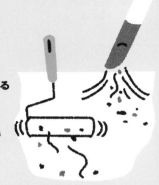

（ 畳 の 場 合 ）

古い物件に多い畳。カビやダニが発生しやすいので、
まめな掃除を心がけて。デリケートな素材なので
やさしく扱いましょう。

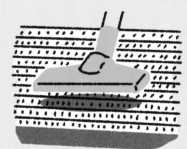

いつも

**畳の目に沿って
やさしく掃除機をかける**

目にホコリがたまりやすい
ので、目に沿って掃除機を
動かすのがポイント。力を
入れすぎないこと。

週1回

**ベタつきは
お湯でかたく
しぼったぞうきんでふく**

皮脂汚れにはお湯を使って。
畳は水が苦手なので、かた
くしぼってから目に沿って
やさしくふくこと。

必要なら

**カビには
アルコール
除菌スプレーを**

アルコール除菌スプレーを
ぞうきんに含ませ、カビの
部分に押し当ててふきとる。
換気をして予防を。

週1～月1回

**たまったホコリは
歯ブラシで
かき出す**

へりや目に詰まったホコリ
は、歯ブラシでやさしくか
き出す。汚れ部分に塩をま
くととれやすい。

玄関、ベランダ、窓・網戸、カーテンレールの掃除

見落としがちだけどホコリや汚れがたまりやすい場所。あと回しにしがちなので、曜日を決めて定期的に掃除を。

(玄関)

来客があるときだけでなく、自分が帰宅したときに玄関がきれいだと気分がいいもの。週1回は掃除をする時間を設けて。

たたき

週1回

砂ボコリなどをほうきで掃き、ウエットシートでふく

靴底についた汚れが玄関にたまっているもの。室内側から外に向かってほうきで掃き、水ぶきで仕上げればさっぱり。

年2回

こびりついた汚れは中性洗剤で落とす

スポンジに中性洗剤を含ませて泡立て、床を磨く。水が流せないことが多いので、水ぶきで何度かふきとり、最後はからぶき。

玄関ドア

ウエットシートで外側・内側をふく

ドアには手あかやホコリがついているので、水ぶきをして。玄関と台所が近いと内側に油汚れもついているので、ていねいにふいて。

靴箱

ゴミをとり除き水ぶきする

靴を出し、掃除機でゴミを吸いとる。かたくしぼったぞうきんでふき、アルコール除菌スプレーでカビ防止。半年に1回行って。

(ベランダ)

砂・土ボコリ、鳥のフンなど意外と汚れがつく場所。雨で流れるとはいえ、半年に1回でもきれいにしておきたい。

砂ボコリなどを掃き、水ぶきをする

ほうきでゴミをとり、中性洗剤を使って磨く。水が隣に流れないよう、注意しながら行おう。

排水溝のゴミはこまめにとり除く

排水溝や排水口にゴミがたまると、大雨であふれてしまい周囲に迷惑。ゴミだけはまめに除去して。

（窓・網戸）

窓がきれいだと部屋が明るく見えるので、定期的にふき掃除を。曇りの日のほうが、汚れがわかりやすく掃除しやすい。

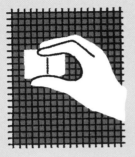

網戸はホコリをとり
メラミンスポンジで
やさしくこする

掃除機で網戸表面のホコリやチリを吸う。水にぬらしたメラミンスポンジで上から下へ軽くこする。内側、外側の両方から行って。

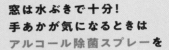

窓は水ぶきで十分!
手あかが気になるときは
アルコール除菌スプレーを

水を含ませたスポンジで上から下に向かって汚れをふきとる。落ちない汚れには、アルコール除菌スプレーを。最後に乾いた布でふく。

サッシは歯ブラシで
汚れをかき出し
スポンジで磨く

砂・土ボコリやホコリを掃除機で吸うか、歯ブラシでかき出す。水にぬらしたメラミンスポンジで汚れを落とす。乾いた布で水けをとる。

（カーテンレール）

手が届きにくく、目にもつきにくいのでつい忘れがち。カーテンを洗うタイミングでカーテンレールとフックの汚れも落としましょう。

軍手や掃除用手袋で
さっとホコリをとる

上部のホコリは掃除用手袋を着用してなでるととりやすい。柄が伸びるハンディモップも便利。ウエットシートで溝やフックの汚れをふきとる。

カビ対策

水回りだけでなく、部屋の中にもカビは発生します。
カビを吸い込むと健康を害する恐れがあるので、甘く見ないで!!

朝晩
5〜10分
換気をする

湿けを逃がすため換気を。同時に2カ所以上窓をあけるのがポイント。1カ所しかない場合は、玄関をあけるか換気扇を利用。

クローゼットは定期的に扉をあけ
扇風機で湿けを追い出す

出かけるときに扉をあけておく、週末に扇風機を回すなど湿けがこもらないようにして。詰め込みすぎず、着用した服は湿けを飛ばしてからしまって。

アルコール除菌
スプレーを活用

カビが生えやすい場所の掃除にアルコール除菌スプレーを使って、菌の繁殖を防ぐ。キッチンや水回り、窓、カーテンなどに使って。

窓の結露は
放置せずにふきとる

冬は外との気温差で窓に結露がつき、カビのもとに。ぞうきんでふくか、窓用ワイパーでとる。結露防止シートをはるのもおすすめ。

ニオイ、カビを防ぐためには?

ひとり暮らしの部屋は、窓が少なかったり、気密性が高かったりと湿けがこもりやすいので、換気が重要。

ニオイ対策

狭い空間の中にいろいろなものが置かれていると、女性の部屋でも
ニオイがこもりがちに。カビ対策と同様に換気はマストです。

(**生ゴミ**)

野菜は洗う前に 皮をむき、 極力ぬらさない

水分が多いと腐敗が進み、ニオイがきつくなるので、ぬらさない工夫を。野菜以外のゴミも水きりをして。

三角コーナーは 置かずに こまめに捨てる

三角コーナーは置かず、水きりゴミ袋で水けをきり、ビニール袋で包んでこまめに捨てるほうが得策。

牛乳パックなどに 詰めて捨てる

三角コーナーのかわりに牛乳パックや食パンの袋を使うのも手。水漏れせず、口を閉じればニオイも防げる。

長期間捨てられない ときは冷凍

梅雨や旅行に行くときなどは生ゴミをビニール袋に入れて冷凍保存。消費期限切れの食品も捨てるまで冷凍。

(**排水口**)

ゴミをためずに こまめに捨てる

台所だけでなく、浴室、洗面台の排水口のゴミは1日1回捨てること。放置すると雑菌が繁殖してくさくなる。

専用のパイプ クリーナーを使う

ゴミ受けだけでなく、排水管についた汚れもニオイのもとに。専用のクリーナーで定期的に洗浄をしよう。

(**部屋**)

炭や重曹を 置いてみる

炭はニオイを吸いとってくれ、重曹も消臭、吸湿作用がある。小皿や小瓶に入れて玄関や部屋に置いてみて。

こまめな掃除と 換気を心がける

汗や皮脂、ホコリで汚れたカーテンや寝具がニオイの原因に。日々の掃除が大切。洗濯と換気も必須。

ゴミの捨て方 知っておきたいマナー

面倒な家事の一つがゴミ出し。マナーが問われるので、地域のゴミ出しルールをきちんと把握しましょう。

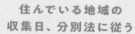

これだけは最低限守ろう！

決められた日時、場所に捨てる

あたりまえのようで、できていない人が多いのが時間を守ること。朝8時までになど、時間も把握しておいて。

住んでいる地域の収集日、分別法に従う

市区町村ごとに異なるので、役所のHPでチェック。集合住宅内での独自ルールもあるので、契約時に確認。

地域指定のゴミ袋を使う

ゴミをまとめる袋が自由なところもあれば、有料で購入しなければならない地域も。購入場所も確認必須。

可燃　不燃

ゴミ出しのマナー

割れ物、刃物は紙に包んで「危険」と明記

包丁やカミソリ、ハサミなど鋭利なもの、割れた食器やガラスは厚手の紙に包んで内容物名と「危険」の注意書きを表に書いて捨てる。

ペットボトルや瓶は中身を出して洗う

ふたをはずし、中をすすぐのが基本。ペットボトルは軽くつぶしておくとかさが減る。

スプレー缶は中身を出しきる

スプレーやカセットボンベなどは中身を使いきってから捨てる。ほかのゴミと一緒に出さないこと。

雑誌や段ボールはひとまとめにしてひもで縛る

雑誌やマンガ、カタログ、段ボールは種類ごとにまとめてひもで縛る。粘着テープは使わない。

危険

これってどう捨てる？

郵便物など個人情報が書かれているもの

≫ 読めなくしてから捨てる

住所や氏名が書かれている書類や郵便物、宅配便のあて名はスタンプを押すか、シュレッダーにかけるか、ハサミで切り刻んでおく。ゴミから個人情報がもれる場合があるので要注意！

下着

≫ 紙に包むか小さく切って捨てる

下着だとわからないように捨てる工夫を。ブラジャーはできればワイヤーをはずして分別をしよう。

使いきれなかった化粧品

≫ 化粧水やマニキュアは中身を出して

液体だけでなく、口紅やアイシャドウもティッシュやキッチンペーパーに中身を出してから容器を捨てる。

分別を教えてくれるアプリ「さんあ～る」を使ってみるのも手

居住地のゴミ収集日やゴミの出し方を教えてくれる無料アプリ。使えない地域もあるので確認してからダウンロードをして。

粗大ゴミの出し方

処分方法がわからず悩みがちなのが粗大ゴミ。迷ったら自治体の窓口に問い合わせを。

ゴミ処理券を購入してはりつける

回収の金額はゴミの種類によって異なる。コンビニや各自治体の取扱所で購入し、ゴミにはってから出す。

各自治体の粗大ゴミ係に事前に申し込む

寸法を測ってから粗大ゴミの受付に連絡。電話もしくはインターネットで回収の事前申し込みをする。

1辺の長さが30㎝以上のものが粗大ゴミ

家具など1辺が30cmを超えるものを粗大ごみとする自治体が多い。居住地により異なるので確認を。

エアコン、照明器具も
定期的に掃除を

掃除が面倒な場所ですが、部屋の快適さを左右するのでこまめな掃除を。

（ エアコン ）

フィルターや吹き出し口が汚れていると、汚れた空気を吸うことに。よく使う時期は月に1回は行って。

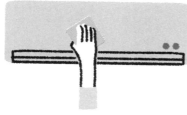

本体と吹き出し口は
中性洗剤でふく

安全のためにプラグを抜いておく。表面のホコリを払ったら、薄めた中性洗剤を含ませたウエスで汚れを拭く。

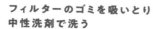

フィルターのゴミを吸いとり
中性洗剤で洗う

本体からフィルターをはずし、掃除機でホコリを吸いとる。シャワーでこまかい汚れを流し、中性洗剤をつけて歯ブラシで洗う。陰干しして乾かす。

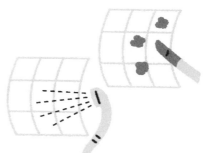

（ 照明 ）

いつの間にか積もったホコリが部屋を暗くしていることも。電気代節約のためにもまめな掃除が大切。

ハンディモップでホコリをとり
アルコール除菌スプレーでふく

電気を消した状態で行う。照明カバーについたホコリはハンディモップで払い、汚れにはアルコール除菌スプレーを。電球もふいて。

PART 4

料理

親にまかせっきりだった料理も、これからは
ひとりでこなさなければなりません。
便利アイテムをとり入れながら楽しく自炊を。

絶対必要な キッチングッズはコレ！

健康や節約のためにも
自炊にトライ！
道具は最小限のものだけ買い、
生活に合わせて買い足して。

（ 調理道具 ）

切る、いためる、煮るといった基本的な
調理ができるアイテムを厳選。

☑ **ボウル＆ざる**

ボウルは耐熱性にすると
電子レンジで使える。

☑ **包丁＆まないた**

刃渡り18cm程度のステ
ンレス製が使いやすい。

☑ **ピーラー・
キッチンバサミ**

まないたいらずで手軽に
野菜などが切れる。

☑ **フライ返し・
お玉**

耐熱性のある樹脂やステ
ンレス製を選んで。

☑ **深型フライパン**

焼く、いためる、煮る、
ゆでる、揚げるが可。

☑ **菜箸**

食材がすべりにくいもの
を。トングでも代用可能。

☑ **鍋**

初めは直径16〜18cmの
ふたつき鍋があれば十分。

（ 調理家電 ）

スイッチ一つで調理ができる頼れる
存在。シンプルなものを選んで。

☑ **電子レンジ**

お菓子などを作らない人
はレンジ機能だけでOK。

☑ **電気ケトル**

電気で沸かすやかん。
600〜800mℓが最適。

☑ **炊飯器**

1合で茶わん2杯分くら
いなので3合炊きで十分。

（ 保存グッズ ）

冷凍と電子レンジに対応しているも
のを選んで。サイズ違いであると◎。

☑ **密閉容器**

サイズ違いであると便利。
レンジ調理にも使える。

☑ **ファスナーつき
保存袋**

汁漏れも防げ、料理の下
ごしらえにも活用できる。

☑ **ラップ**

食材や料理の保存、レン
ジを使うときに必要。

（ 食器 ）

実家で眠っている食器や箸を持っていけば節約に。
耐熱性ならレンジ調理もできて洗い物が減らせます。

☑ **茶わん＆汁椀**

使用頻度が高いので、割れに
くく持ちやすいものを。

☑ **箸・カトラリー**

箸、スプーン、フォーク、ナ
イフはそろえておきたい。

☑ **グラス＆マグカップ**

大きめのマグカップは調理に
も使えるのでおすすめ。

☑ **皿（大・小）**

平らなものより、少し深さが
あると使いやすい。

☑ **どんぶり**

めん類やどんぶり物、スープ
用に。和洋中なんでも使える。

（ そのほか ）

料理を充実させ、片づけをラクにしてくれるグッズも
プラス。あると便利なものをピックアップしました。

☑ **計量カップ＆
　スプーン**

料理初心者はレシピの分量ど
おりにすると失敗が少ない。

☑ **ふきん**

食器などの水けをふくのに◎。
使い捨てタイプでもOK。

☑ **キッチンペーパー**

水けをふきとる、汚れをふく
など活用範囲が広い。

ひとり暮らし先輩に聞いた！

Q ## 買ってよかったもの、いらなかったものは？

ひとり暮らしの食生活を充実させるには、道具も欠かせません。
使えるアイテムを頭に入れておくと、準備のときにスムーズです。

いらなかったかも

- ■ トースター
- ■ ホットプレート
- ■ ジューサー
- ■ 電気圧力鍋

収納場所をとるわりに使用頻度が少ないものがあ
がった。生活する中で見きわめて。

買ってよかった！

- ■ 深型フライパン
- ■ シリコン製調理スプーン
- ■ 電子レンジ用パスタゆで容器
- ■ 野菜みじん切り器

「鍋のかわりにもなる」と深型フライパンが人気。
下ごしらえがラクになる時短グッズも。

まず買うべきは5つの万能調味料

味つけの基本
「さしすせそ」をそろえる

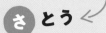

さ とう

し お（酢）

す

せ うゆ（しょうゆ）

み そ

一般的な家庭料理を作るなら、「さしすせそ」があれば十分。これにサラダ油をたせば、自炊デビューはOK。銘柄によって風味が異なるので実家で使っていたものを選ぶと安心。砂糖、塩は調味料用容器に入れると使いやすい。

次に買うなら、かけるだけ！の
便利調味料

味つけに自信がない、簡単に調理したい人には、すでに味が決まっている調味料がおすすめ。「めんつゆ」は煮物に、「焼き肉のたれ」はいため物に、「ポン酢しょうゆ」はサラダに便利。

消費期限があるものは
ミニボトルで買う

大きいサイズのほうがお得だが、使いきれないこともあるので、容量が少ないものを買おう。使えずに捨てるよりは結果的にお得。

○○の素は特売日を
ねらってまとめ買い

中華やエスニックなど、たくさん調味料が必要な料理は、「○○の素」に頼るのも手。ただし、ややぜいたく品なので、特売日に買おう。

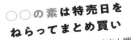

栄養バランスを整えるには「一汁一菜」の献立を

理想的な食事は汁ものとおかず3品の「一汁三菜」ですが、ハードルが高いので、おかず1品から始めましょう。

ひとりごはんなら「一汁一菜」でOK

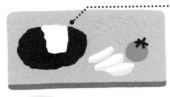

おかず1品
肉や魚を使ったボリュームのあるおかずを。切った野菜を添えれば十分。

主食
ごはんが基本だが、パスタやうどんにしても。ごはんは冷凍しておけばラク。

汁物
みそ汁やお吸い物、スープなど。具だくさんにすれば、おかずがわりになる。

体に必要な5大栄養素 +食物繊維を取り入れよう

（ 脂質 ）
体のエネルギー源のほか、細胞膜や臓器、神経細胞などを構成する成分。肌の保湿やホルモンの働きを助ける。肉、魚の脂や植物油から摂取。

（ 炭水化物 ）
ごはんやパン、うどん、いも類に含まれる。体や脳のエネルギー源になるもの。過剰摂取すると、脂肪になりやすいので注意。

（ タンパク質 ）
筋肉や皮膚、髪の毛、血液など体をつくる栄養素。免疫機能にも働きかける。肉、魚介類、卵、大豆、乳製品に多く含まれる。

（ ミネラル ）
カルシウムや鉄など、骨や歯をつくったり、体の働きを調整する。16種類の欠かせない「必須ミネラル」がある。魚介類や海藻などに多い。

（ ビタミン ）
抗酸化作用や代謝を促す働きがある。ビタミンCはピーマンやキウイフルーツ、Aはレバーやにんじん、B群は豚肉、青魚などに多い。

（ 食物繊維 ）
血糖値の上昇を抑える効果や、腸内環境を整える働きがある。不足すると便秘になりやすい。海藻、豆類、きのこ類、いも類、野菜に多く含まれる。

自炊を無理なく続ける 7つのコツ

初めから気合いを入れると
長続きしないもの。
楽しく継続するためには、
ほどよく手を抜くことが大切。

1

買い物は 3日に1回を目安に まとめ買い

使いきれずに食材をムダにしないためにも、ある程度メニューを決めておこう。食材の鮮度もよく、おいしく食べられる。

まとめ買いのコツ

- [ ] 予算を決める
- [ ] 冷蔵庫をチェックしてから
- [ ] 安さに惑わされない

2

ごはんは一度に 大量に炊いて保存

帰宅が遅い日でもごはんさえあればなんとかなるもの。1回で炊飯器の容量いっぱいに炊き、小分けで冷凍保存しておこう。

▶▶ごはんの炊き方は
80ページへ

3

切るだけでも まとめてしておくとラク

週末など時間があるときに野菜を切り、保存袋に入れておけば、すぐに調理ができる。野菜いためセットを作っておくと便利。

▶▶材料の切り方は78ページへ

5

電子レンジ調理を
活用して時短

火を使わずにスピーディーに調
理できる電子レンジをフル活用。
野菜を蒸す、パスタをゆでる、
ごはんを炊く、煮物を作るなど、
なんでもおまかせ！

▶▶電子レンジの活用法は
92ページへ

4

カット野菜や
冷凍食品に頼る

作るのが面倒なときでも、その
まま使えるカット野菜や冷凍食
品があればラクに調理ができる。
そのまま食べられるものがある
だけで気持ちもラクになる。

6

○○の素や
食材キットを
使うのも手

レトルト食品や食材キットは、
料理初心者にとって強い味方。
特に食材キットは栄養バランス
もよく、作り方も覚えられるの
で、予算内で活用してみて。

7

疲れたときは
そうざいや外食にする

どうしても料理をする気力がないと
きは無理をせずにそうざいや弁当、
外食にしよう。メリハリをつけるた
めに、テイクアウトや外食をする日
をあらかじめ設けるのもいい。

PART
4
料理

計量の基本

すりきり1杯

砂糖など粉類を山盛りにすくい、平らなものを縁に水平に当ててすべらせ表面を平らにする。

計量スプーン

大さじ1 = 15ml
小さじ1 = 5ml

大さじ1/2

スプーンは底のほうが狭いので、2/3ほど入れた状態に。

> **ペットボトルのキャップで代用できる！**
> キャップ1杯が約7.5mlで大さじ1/2にあたると覚えておいて。

すりきり1杯にし、スプーンの柄などで半分を払う。

大さじ1

液体

表面張力で液体が盛り上がり、あふれるギリギリまで入れた状態。

粉末

多めにすくって「すりきり」にした状態。固まりが入らないようにして。

少量は指で

少々

親指と人さし指の2本でつまんだ量。

ひとつまみ

親指、人さし指、中指の3本でつまんだ量。

計量カップ

粉は軽く揺すり表面を平らにする。目盛りは真横から見ること。

おいしく作るためにレシピ用語を理解しよう

料理本やレシピサイトを見ながら作るときに知っておきたい用語を解説。覚えて損はありません。

調理用語の基本

火かげん

弱火　　　中火　　　強火

いため物や煮物で重要となる火かげん。鍋底に当たる火を調整する。弱火は底につくかつかないくらい、中火は底に火の先が当たるくらい、強火は底全体に火がつくくらい。

水かげん

ひたひた
鍋に入れた材料の頭が表面から少し見えるくらいの量。

かぶるくらい
鍋に材料を入れ、水を加えたとき材料が出ないすれすれの量。

煮る・ゆでる

煮詰める
汁けの多いものを煮立たせながら煮汁を減らし濃くする。弱火で焦がさないように注意。

ひと煮立ち
煮汁を沸騰させて30秒ほどおいたら火を止めること。長く煮ると風味がとぶ場合に。

煮立てる
強火にかけ、煮汁やゆで汁が泡立つくらい沸騰させること。一度煮立てたら弱火に。

アクをとる
食材に含まれる苦みやえぐみ、渋みがアク。表面に泡状に浮かんでくるのですくいとる。

下ごしらえ

室温にもどす
冷蔵庫で保存して冷えた食材を室内に出し、常温に近づける。肉やバターを扱うときに。

水けをしぼる
ほうれんそうなど青菜をゆでたあとに、根元から手で軽くしぼるように水けをきること。

水けをきる
材料についている余分な水分をざるに上げて落としたり、ペーパーで吸いとること。

ねかす
下味をつけて味をなじませたり、クッキーなどの生地を扱いやすくするために置いておく。

安全で効率のいい切り方を覚えよう

家庭科の授業でしか包丁を握ったことがないという人も多いのでは？　ケガをしないよう持ち方からおさらい。

正しい包丁の持ち方

食材をスムーズに切るには、持ち方や使い方が大切。
切れ味を保つために、とぐことも忘れずに。

包丁とまないたが垂直になるようにする

調理台からこぶし1個分体を離し、利き手側の足を1歩引くと動かしやすい。包丁の刃をまないたに対し垂直にする。

柄をしっかりと握る

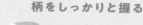

みね

刃先

包丁がグラつかないように、手のひら全体で柄を握って持つ。こまかい作業のときは人さし指をみねにのせる。

上から押さえつけず前後に動かして切る

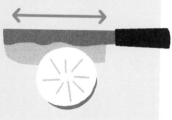

野菜やかたい肉は前に押しながら切ると繊維をくずさずにきれいに切れる。魚のさく、やわらかい肉は手前に引いて切るときれい。

なんでも切れるキッチンバサミが大活躍

肉、魚、野菜をチョキチョキカット

まないたを使わず切れるので、狭いキッチンでも作業がしやすい。包丁の代用として活用してみて。

皮むきにはピーラーが便利

薄切りにも使える

I型

T型

上から下に動かし、皮をむく。にんじんやきゅうりの薄切り、キャベツのせん切りもできる。

野菜の切り方

乱切り

なすやきゅうり、にんじんなど棒状の野菜を手前に回しながら斜めに切ること。

へたを切り落とし、手前に回しながら切る。大きさをそろえる。

いちょう切り

にんじん、大根、なすなど丸い棒状の野菜を、いちょうの葉のような形に切ること。

縦半分に切る。さらに半分に切ってそろえ、端から一定の厚さに切る。

みじん切り

野菜をこまかく切り刻むこと。薬味やソースに使うことが多い。

〈しょうが〉

薄切りにし、端から細く切る。せん切りになったものを端からこまかく切っていく。

〈玉ねぎ〉

縦半分に切る。根元を切らないように縦と横にこまかく切り込みを入れ、端から刻む。

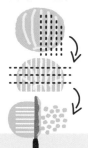

せん切り

繊維に沿って縦長に細く切ること。長さは4〜5cmが目安。やわらかな食感になる。

〈にんじん〉

〈キャベツ〉

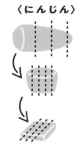

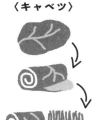

4〜5cmの長さで切り、縦に置き薄くカット。数枚重ねて端から1〜2mm幅に細く切る。

使う分だけ葉をはがし、軸をとる。2〜3枚重ねて丸め、端から1mm幅を目ざして細く切る。

薄切り

玉ねぎやにんじん、きゅうり、しょうがなどを1mm幅くらいで薄く切ること。

玉ねぎは半分に切ってから、繊維に沿うか、繊維に直角に薄切り。

くし形切り

トマトや玉ねぎなど丸い野菜を放射状に切ること。縦半分にし中央から等分に切り分ける。

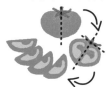

トマトは縦半分に切り、へたをとる。切り口の中央から等分に切る。

ごはんをおいしく炊く

これさえあれば乗り切れる！

炊飯器に入れれば〇Kではなく、その前の準備が大切。ごはんがおいしく炊ければ、自炊も楽しく続けられます。

基本のごはんの炊き方

4 | ざるに上げ 水けをきる

米がうっすら見える程度の濁りぐあいになったらとぐのは終了。米をざるに上げ、余分な水けをきる。

5 | 分量の水を 入れて浸水

炊飯器の内釜に米を移し、分量の水を入れる。夏は30分、冬は1時間を目安に米に水を浸水させる。

6 | 浸水が 終わったら スイッチオン！

炊飯コースを選択し、スイッチを入れて炊く。炊き上がったら、しゃもじで全体をふわっとまぜる。

1 | 専用カップで 正確に計量

1合
＝
180㎖

炊飯器の付属カップ（180㎖）でぴったりはかる。米を山盛りにすくい、すりきり1杯にする。

2 | 1回目は 手早くとぐ

ボウルに米と水を入れ、手で2〜3回かきまぜる。米は水を吸いやすいので、すばやく水を捨てる。

3 | 水を入れかえ やさしくとぐ

猫の手のようにして、大きくかきまぜるようにしてとぐ。水を入れてすすぎ、とぐを2〜3回繰り返す。

炊飯器以外で炊く方法

鍋で

土鍋や厚手の鍋ならふっくらと炊けて美味。普通の鍋や深めのフライパンでも炊ける。

中火にかけ沸騰させる

米をとぎ、浸水させたら火にかける。中火にかけ、ぶくぶくと沸騰したら弱火にする。

弱火で12〜13分炊き、蒸らす

弱火で12〜13分炊く。水分が残っていないのを確認し、火を止め、約10分蒸らす。

電子レンジで

耐熱容器やレンジ炊飯用の容器を使えば、茶わん1杯分から短時間で炊ける。

耐熱容器に米と水を入れる

炊飯器で炊く方法と同様に米をとぎ浸水。米0.5合なら水120mℓ、1合なら水220mℓが目安。

レンジで10分ほど加熱

ラップをして1合なら500Wで5分、200Wで5分加熱して10分蒸らす。炊飯容器は説明書通りに。

残りごはんは冷凍保存

アツアツのうちに **1食分ずつに**

炊飯器で保温するよりも炊きたてのおいしさが保てるので、冷凍に。ラップや保存容器に1食分ずつ入れて密閉。あら熱がとれたら冷凍庫へ入れる。

保存期間の目安：約1カ月

よりおいしくする方法

しっかり蒸らして **底からまぜる**

釜の底から米をはがすようにまぜることで、余分な水分がとぶ。しゃもじで十文字に切り、1/4ずつ返してざっくりとまぜるのがコツ。

玄米を炊くときはもみ洗いをし、浸水時間を長くするのがポイント

米についた汚れを落とすように2〜3回水をかえて洗う。果皮でおおわれているため、水の吸収に時間がかかる。浸水は6時間以上行って。

みそ汁の作り方

具だくさんならおかずになる みそ汁の作り方

面倒なイメージがあるけれど、実は簡単に作れて栄養満点の健康食。ごはんとみそ汁がおいしくできれば上でき！

1｜鍋に水1カップを入れて火にかける

1人分なら小鍋に水1カップで十分。火にかけ、市販の顆粒だしを入れて沸かす。だし入りのみそを使うなら、だしは省略。

2｜好みの具材を入れて煮る

具材に決まりはないので、好きなものを食べやすい大きさに切り、やわらかくなるまで煮る。かたいものから入れよう。

水から入れる	沸騰してから入れる	
■貝類（しじみ、あさりなど）	■とうふ	■ねぎ
■根菜（大根、にんじんなど）	■わかめ	
■いも類（じゃがいも、さつまいもなど）	■みょうが	

3｜火を弱めてみそ大さじ1弱をとき入れる

具材に火が通ったら、火を弱めてみそを入れる。みその風味がなくなるので、煮立たせないこと。味見をして調整をする。

超手抜き！

椀にみそを入れ、湯を注ぐだけでOK

汁椀やマグカップにみそ大さじ1を入れ、湯でとかせば即席みそ汁に。乾燥わかめを入れれば、食物繊維もとれて腸にもよし！

単品でも2〜3品組み合わせても自由

きのこ類はうまみが出ておいしさアップ。いも類なら満足度が高まる。
油揚げ、ベーコンはコクが出る。好きな具材を組み合わせ楽しもう。

とうふ	わかめ（乾燥）	油揚げ	あおさ
玉ねぎ	キャベツ	にんじん	ねぎ
じゃがいも	さつまいも	かぼちゃ	大根
もやし	小松菜	オクラ	なめこ
えのきたけ	ベーコン	さば水煮缶	みょうが

湯を注ぐだけの汁物を覚えておこう

小腹がすいたときでも、材料を切る手間がなくさっと作れる汁物があれば安心です。

とろろ昆布 ＋ しょうゆ

椀にとろろ昆布ひとつまみを入れ、しょうゆをたらし湯を注ぐ。かつお節を加えると風味アップ。

鶏ガラスープ ＋ 乾燥わかめ

鶏ガラスープのもとと乾燥わかめを椀に入れ、熱湯を注ぐ。ごま油をたらせば本格中華スープに。

塩昆布 ＋ 梅干し

椀に塩昆布とつぶした梅干し1個を入れ、熱湯を注ぐ。しょうゆや鶏ガラスープのもとを少し足しても。

意外と簡単！本格だしのとり方

だしをとるのは大変という固定観念を捨てて。面倒な作業を省いた方法を紹介します。

かつお節に熱湯を注ぐだけ

ティーポットの茶葉入れにかつお節4〜6gを入れ、熱湯200mlを注ぐ。ふたをして3〜5分おいたらでき上がり。こす手間が省ける。

水に昆布を入れて一晩おくだけ

だし用昆布15〜20g、水1.5ℓを用意。麦茶用ポットなどに入れて一晩（6時間以上）おくだけ。冷蔵庫で3〜7日保存可能。

野菜保存の基本

常温と冷蔵庫保存で分ける

冷蔵庫に入れることで低温障害を起こし、傷みやすくなる野菜もあるので注意。適した保存方法で長もちさせましょう。

冷蔵庫 ▶
- にんじん
- キャベツ
- レタス
- ほうれんそう
- トマト
- きゅうり など

葉物は乾燥させない工夫を。暑さに強い夏野菜は常温もOKだが、梅雨と夏は冷蔵保存が安心。

常温 ▶
- 玉ねぎ
- ごぼう
- さつまいも
- じゃがいも
- にんにく
- かぼちゃ など

土の中で育つ野菜は常温保存に向いている。直射日光が当たらない冷暗所に置く。土はついたままに。

ぬらした
キッチンペーパーに
くるんで保存

風通しがよく
日光が当たらない場所に

傷みやすい葉物は
ゆでる、冷凍する

ほうれんそうや小松菜、ブロッコリーなどは傷みやすいので、買い物後にすぐゆでておいて。適当な大きさにカットし、保存容器に入れて冷蔵、もしくは冷凍する。

使いかけはラップに
包んで冷蔵

包丁でカットした断面から劣化しやすいので、水けをふきとってからラップでぴったりと包み冷蔵庫へ。使いかけのものだけをひとまとめにして、使い忘れを防いで。

初めは適正量がわからず買いすぎてしまうことも。腐らせ捨てることのないよう、保存法を知っておきましょう。

よく使う野菜の選び方と保存法

家庭料理での登場回数が多い野菜をピックアップしました。
スーパーでどこをチェックすればいいか、参考にしてください。

キャベツ

冬は重くかたいものを、春は巻きのゆるい
ものを選ぶ。まるごとなら芯をくりぬき、
湿らせたペーパーを詰め、ポリ袋に入れる。

ブロッコリー

つぼみが密集し、引き締まっているものを
選ぶ。茎の切り口が黒ずんでいるものは避
ける。ポリ袋に入れ、冷蔵庫で立てて保存。

なす

色が濃く表面にツヤ、張りがあるものを。
がくの部分のとげが鋭いほうが新鮮。水分
が蒸発しやすいのでラップで包むといい。

トマト

色ムラが少なく張りのあるものを選ぶ。へ
たがピンとしていると新鮮。ざく切りかま
るごとで冷凍し、煮込みやソースに使っても。

きのこ類

肉厚でかさが開きすぎず、軸がしっかりし
ているものを選ぶ。湿けがあると傷みやす
いのでラップに包んで保存。冷凍も可。

大根

重く太いものを選ぶ。カット売りなら、断
面にスが入っていないかを確認。葉つきな
らカットし、ラップで包み冷蔵庫へ。

玉ねぎ

全体がかたくしまっていて、皮がよく乾い
ているものを選ぶ。冷暗所でそのまま保存。
薄切り、みじん切りにして冷凍保存も◎。

にんじん

色が濃く鮮やかで、皮がなめらかなものを
選ぶ。茎の切り口は小さいほうが、やわら
かくておいしい。水けをふき、立てて保存。

じゃがいも

料理に合わせて品種を選ぶ。カレーや肉じゃ
がなら煮くずれしにくいメークイン、ポテ
トサラダやコロッケには男爵がおすすめ。

ほうれんそう

緑色が濃く、葉先がピンと立っているもの、
茎や根元が太く弾力があるといい。湿らせ
たペーパーに包みポリ袋に入れ冷蔵庫へ。

もやし

茎が太く白いものがおすすめ。全体的に色
がくすんでいるものは避けて。日もちしな
いのですぐ使うか、冷凍保存。

ピーマン

緑が濃く、へたの切り口が変色していない
もの、表面がつやっとして肉厚なものが◎。
水けをしっかりふき、保存袋に入れ冷蔵。

肉
編

肉の種類別保存法

肉は種類、部位、形状によって味も扱い方も異なります。
メインのおかずになる食材なので、ひと手間かけて保存しましょう。

POINT

ラップ＋保存袋で
酸化を防ぐ

空気にふれると酸化が進み、
風味が落ちるだけでなく雑
菌も繁殖。ラップでぴった
り包み、保存袋に入れよう。

鮮度のいいうちに
冷凍保存

消費期限が近くなってあわ
てて冷凍するよりも、買っ
た直後の新鮮なうちに冷凍。
1食分ずつ分けて密閉する。

パックのまま
保存しないこと

肉汁をペーパーでふき、小
分けにして空気にふれない
ようラップに包む。冷蔵庫
のチルド室に保存。

むね肉

脂肪が少なく低カロリー。加熱
しすぎるとバサつきやすいので
注意。蒸し鶏や、いため物に。

── 保存法 ──

もも肉と同じ方法でOK。下味
をつけてから保存すると便利。
1枚につき砂糖小さじ1、塩小
さじ1/2をもみ込んでから冷凍
するとバサつきが防げる。

手羽先、手羽中

鶏の翼の部分で、ほかに手羽元
もある。脂肪とゼラチン質が多
くスープや煮物に使うとよい。

── 下処理 ──
骨に沿って
切り目を入れる

切り目を入れると身が離れやす
く食べやすい。冷凍前に処理を。

ささ身

低カロリーで高タンパク質だか
らダイエットにも◎。淡泊な味
なので、アレンジしやすい。

── 下処理 ──
筋をとる

筋に切り目を入れ、筋を手で引
きながら、包丁で身から離す。

── 保存法 ──

水けをふき、1本ずつラップに包
む。加熱して手でこまかく裂き、
ラップにくるんで冷凍する手も。

鶏肉

低コストで手に入ります。
部位により違う味や
食感が楽しめ、
ボリュームもありお得。

もも肉

脂肪が多く、加熱してもジュー
シーさが残るので、ソテーやか
ら揚げ、煮物に適している。

── 下処理 ──
脂肪をとる

皮と身の間に点在する黄色っぽ
い脂肪をとり除き、筋をカット。

── 保存法 ──

食べやすい大きさに切り、水け
をふいてラップに包み保存袋へ。
下味をつけて冷凍しても。

（ 豚・牛スライス肉 ）

豚肉、牛肉ともに脂肪は白か乳白色のものを
選びましょう。赤身がくすみ、
パサついているものは避けて。

厚切りの場合

保存法
**筋切りをして
1枚ずつ
ラップで包む**

赤身と脂身の間が筋。縦に
切り込みを入れ縮みを防止。

薄切りの場合

保存法
**ラップの上に
重ならないよう
並べピタッと密閉**

1食分を並べ、空気が入ら
ないよう包み、冷凍保存。

（ 加工肉 ）
〈ハム、ソーセージ等〉

そのままでも食べられる肉。
消費期限が長いので安売り
のときにまとめ買いを。

保存法
開封後はラップに包み保存袋へ。
ソーセージやベーコンは切り分
けてラップに包み冷凍保存。

（ ひき肉 ）

傷みやすいので、買った日に使わなければすぐに
冷凍するのがおすすめ。薄く平らにすると解凍しやすい。

合いびき肉

牛肉と豚肉を合わせてミンチにし
たもの。ハンバーグや肉だんごに。

牛ひき肉

脂肪分が少なく、うまみが濃い。
ミートソースなど洋風料理に。

豚ひき肉

適度な脂肪がありジューシー。
ギョーザやシューマイ、肉みそに。

鶏ひき肉（むね、もも）

あっさりとした味。傷みが早いの
で注意。つくねなど和食に。

保存法
**平らにしてラップに
くるみ冷凍**

1食分ずつ平らにして包む。空
気が入らないようびったり包む
のがコツ。保存袋に入れ冷凍。

保存法
**ハンバーグや
肉だんごにしてから**

週末など時間があるときに調理
して冷凍保存しておくと便利。

保存法
肉そぼろにして保存

そぼろにすれば解凍後にアレン
ジしやすい。小分け冷凍に。

魚の種類別保存法

ひとり暮らしで不足しがちな魚は、扱いやすい切り身や干物を選んで。

（ 切り身 ）

選び方

身がパンと張っているものを選ぶ。トレーに汁がたまっているものは避けよう。

保存法

水けをしっかりふきとること

キッチンペーパーで水分をとり、1切れずつラップに包み、保存袋に入れて冷凍。保存は2週間が目安。塩を振って下味をつけてもOK。

（ 干物 ）

選び方

あじは丸みがある形で、おなかあたりに白っぽい脂があるものを。変色しているものは×。

保存法

すぐに食べる予定がなければ、酸化を防ぐために冷凍保存。1枚ずつラップでぴったり包み、保存袋に入れて空気を抜くこと。

（ 刺し身 ）

選び方

まぐろは鮮やかな赤い色をしているといい。白身魚は透明感のあるものを選んで。

保存法

切ったものは当日に食べきるのがベスト。余ったらしょうゆとみりんのたれに漬ければ、翌日までOK。さくの場合は2日以内に。

（ たらこ・明太子 ）

選び方

皮に張りがあり、身がしまっているものを。着色料を避けたい場合は原材料を確認。

保存法

たらこは傷みやすいので、開封後は保存容器で冷蔵。加熱しておくのもよい。冷凍するなら1腹ずつラップに包み、保存袋に入れる。

（ 貝類 ）

選び方

口があいているものは避ける。あさりは殻に厚みがあるといい。

保存法

鍋に貝を平らに並べ、濃度3％の塩水をひたひたに入れ砂抜きする。保存袋に入れて冷凍。

常備しておきたいスタメン食材

疲れた日でも空腹が満たされる、家にあると便利な食材の保存法もチェック!

(米)

**保存容器に移し
冷暗所か冷蔵庫へ**

湿けや直射日光に弱いので、風通しがいい冷暗所に。専用容器やペットボトルに移しかえ、冷蔵庫の野菜室に入れる。

(パン)

**外気にふれないよう
密閉するのが基本**

食パンは開封後、食べきれないときは1枚ずつ包んで冷凍。凍ったままトースターやフライパン、魚焼きグリルで焼ける。

(とうふ)

**使いかけは密閉容器に
水を入れて保存**

とうふが隠れるくらい水を入れて冷蔵庫で2〜3日保存可。ラップに包んで冷凍保存も可能。解凍後は高野豆腐風になる。

(調味料)

**未開封なら
常温のままで大丈夫**

スーパーでは常温で置かれているので、未開封ならそのままでOK。砂糖や塩は湿けを嫌うので、密閉容器に入れて。

(卵)

**とがったほうを下に
して冷蔵庫へ**

丸いほうは空気の入った小さな穴があるので、上にすると鮮度を保ちやすい。ときほぐしたり、焼いたりすれば冷凍可。

開封後、冷蔵庫へGO!

- ■ しょうゆ
- ■ みりん風調味料
- ■ ケチャップ
- ■ マヨネーズ
- ■ チューブしょうが、
  チューブにんにく
- ■ ソース
- ■ ポン酢しょうゆ
- ■ めんつゆ
- ■ カレールウ

など

(納豆)

**常温で保存すると発酵が
進むので冷蔵保存**

常温で放置すると再発酵が起き、ニオイが発生。10℃以下での保存を。パックのまま保存袋に入れ冷凍も可。冷蔵庫で解凍を。

冷凍保存のポイント

ラップに包んで冷凍庫に入れるだけでもいいけれど、
ちょっと一手間加えると、鮮度やおいしさを長くキープできます。

冷凍保存で食材をムダなく使い回す

熱々のものは
冷めてから冷凍庫へ

ごはんは炊きたてをラップに包んで冷ます。おかず類はあら熱をとってから容器に入れる。湯げが上がったままふたをすると水滴により傷みやすくなる。

消費期限ギリギリより
鮮度のいいときに

なま物は徐々に鮮度や風味が落ちていくので、購入した日に冷凍したほうがいい。買い物後はすぐに使う、使わないものを分けて、まとめて作業する習慣をつけよう。

金属トレーを
使って急速冷凍

すばやく冷凍することが鮮度とおいしさを保つ秘訣。金属製トレーの上にラップでぴったりと包んだ食材をのせて冷凍庫へ。熱伝導率がいいので、早く冷凍できる。

1食分ずつに
小分けする

冷凍→解凍→冷凍を繰り返すのは味が落ちるだけでなく、食中毒になるおそれもあるのでNG。1回で使いきれる量に小分けして、再冷凍しないですむようにして。

日付や中身を記入し
忘れずに食べる

生肉は2週間、ごはんや野菜は1カ月、調理ずみのおかずは3週間を目安に食べきりたい。肉は凍ると見分けがつかなくなるので、日付と種類を書いておくと安心。

水けをふき、
空気を抜く

冷凍保存しているうちに食品から水分が抜けて「冷凍焼け」を起こし、風味や食感が低下することがある。水けをふき、空気をしっかり抜いてから冷凍庫へ。

肉、魚、野菜は安いときにまとめ買いし、冷凍保存するのがおすすめ。ポイントをおさえ上手に保存。

実はコレも冷凍できます

小麦粉

湿けや虫の発生を予防できるので
冷凍もOK。冷凍後、常温で放置
するとしけるのですぐに使うこと。

とうふ・こんにゃく

水分が抜けて独特な食感になるが、
冷凍可能。使いやすい大きさに切り、
ラップでぴったり包んで冷凍。

ケーキや和菓子

スポンジケーキ、チーズケーキ、
クッキー、大福、どら焼きなど。
ラップに包んで保存袋へ。

バター

冷蔵庫で保存するよりも風味が保
たれるのでおすすめ。10gずつな
ど小分けにしてラップに包み冷凍。

生卵

ときほぐしてから容器に入れ冷凍
を。食中毒のおそれがあるので、
必ず加熱調理すること。

おいしく食べるための解凍方法

凍ったまま調理

野菜や貝類、下ごしらえずみのものならその
まま加熱調理に使えることも。火の通りの悪
いものは半解凍して使うとよい。

冷蔵庫内で

じっくりと時間をかけて元の状態に戻すな
ら冷蔵庫内で自然解凍。ドリップが出にく
い。肉なら半日程度かかる。

電子レンジで

肉や魚はラップをはずし、クッキングペー
パーを敷いた器にのせる。加熱ムラができや
すいので、解凍機能か、短時間ずつ様子を見て。

流水解凍

すぐに使いたいときは保存袋のままためた
水か流水にあてて解凍。水が中に入らない
ように口はしっかりと閉じておこう。

手間なし、時短！電子レンジ活用術

ひとり暮らしの強い味方といえば、電子レンジ。冷凍食品の解凍だけでなく、フル活用で自炊を充実させて。

電子レンジを使うメリット

栄養をのがさない

野菜を鍋でゆでると栄養素がゆで汁にとけ出てしまうが、レンジ加熱なら流出を防げる。

火を使わないから安全

鍋を火にかけたまま忘れて、ボヤになるというおそれが少ない。ガス代の節約にもなる。

時短で調理ができる

耐熱容器に入れてボタンを押すだけなので手間なし。洗い物も少なくすむので時間短縮に。

電子レンジでできる主なこと

蒸す

蒸し器がなくても蒸し野菜や茶わん蒸しなど蒸し料理ができる。ラップや専用容器でパサつきを防止。

解凍

肉など冷凍した食材の解凍に利用。単機能レンジでも、解凍機能がついているものがほとんど。

煮る

耐熱容器に材料を入れて加熱すれば、肉じゃがやかぼちゃの煮つけ、煮魚など煮物料理も時短でできる。

あたため

コンビニ弁当や、冷蔵保存していたおかずのあたために。短時間であたたかいごはんが食べられる。

電子レンジ調理に便利なアイテム

☑ **シリコンスチーマー**
蒸す、ゆでる、煮るといった調理ができる。

☑ **パスタクッカー**
乾めんが簡単にゆでられ、湯きりもできる容器。

☑ **耐熱ボウル**
煮物やソース作りに深めの容器があると便利。

☑ **大きめ耐熱マグカップ**
1人分のスープやカップケーキを作るのに。

☑ **ラップ**
水分をのがさず、熱を通りやすくするために使用。

料理の下ごしらえに活用

解凍やあたため以外では、料理の下ごしらえに使えます。
加熱している間にほかの作業ができ、効率よく料理ができますよ。

カリカリベーコン

耐熱皿にキッチンペーパーを敷いてベーコンを重ならないように並べる。その上にキッチンペーパーをかぶせ、ラップはせずに2〜3分加熱。

とうふの水きり

とうふをキッチンペーパーで二重に包み、耐熱容器にのせてラップをせずに2〜3分加熱。水が蒸発して短時間で水きりができる。

野菜を下ゆで

じゃがいもやブロッコリー、もやしはレンジで加熱がおすすめ。じゃがいもは水洗いしてラップでまるごと包んで加熱すれば、皮も手でむける。

とかしバター

お菓子作りに登場するとかしバター。湯せんにかけるのは面倒なので、レンジで。バター50gで1分弱が目安。適当な大きさに切っておくと◎。

いため玉ねぎ

みじん切りにした玉ねぎを耐熱皿に平らにして広げ、バターをのせてラップをかける。2〜3分レンジで加熱して、冷ましてから使う。

※電子レンジは600Wのものを基準にしています。

面倒な料理もおまかせ！

工程がいくつもあり、難易度が高そうな料理でも
電子レンジを使えば手軽に作れます。失敗も少ないので、挑戦してみて。

さばのみそ煮
ができる！

さばの切り身1切れに塩をふっておき、出てきた水けをペーパーでふく。耐熱容器にみそ、砂糖、みりん、水各大さじ1を入れてまぜ、さばを入れる。ラップをふんわりかけ、レンジで3分加熱。

肉じゃが
ができる！

じゃがいも1個とにんじん1/4本は乱切り、玉ねぎ1/4個は薄切りに。耐熱容器に野菜、切った豚バラ肉50g、めんつゆ大さじ2、水大さじ1を入れてラップをし、8〜10分加熱。冷ますと味がしみ込む。

ホワイトソース
ができる！

耐熱ボウルにバター20ｇ、薄力粉大さじ2を入れ1分加熱。バターがとけたらダマにならないようまぜる。牛乳1カップを少しずつ加えてまぜる。ふんわりラップをして1分半加熱しまぜるを2回繰り返す。

電子レンジを使うときの注意点

加熱のしすぎで火災が起きることも

電子レンジが原因の火災が増加傾向に。長時間加熱すると食品の炭化が進み出火。庫内の食品カスから火が出ることもある。

牛乳や卵の爆発に注意!!

卵、ぎんなんなどの殻つき食材や、薄皮や膜に包まれているウインナーやいか、加熱すると膜のできる卵の黄身、牛乳、牛乳入り飲料などは加熱で破裂・突沸する可能性あり。皮や膜に切り込みを入れたり、中身をほぐし、加熱しすぎないこと。牛乳や豆乳は牛乳モードで加熱を。

使ってはいけない容器に注意!!

漆器、紙や木製品、金属（ほうろう・アルミホイル・金属の縁どり含む）、耐熱温度が140℃未満の容器（ガラス・陶磁器・メラミン含む）は使用不可。保存容器や市販の弁当のふたの多くもNG。

液体のあたためすぎは突沸のもと

液体を加熱しすぎると、突然沸騰し中身が飛び散る（突沸）ことがある。あたためすぎだと思ったら、時間をおいてからとり出して。

事故防止のために

庫内の掃除はまめに行って

電子レンジでの火災原因の一つは、庫内に残った食品カスが過熱して炭化すること。安全のために掃除は不可欠。

使用後は
ぬれたふきんで庫内をふく

使用直後のあたたかいうちなら、汚れがこびりつかず、ぬれたふきんだけでもさっと落とせる。習慣にしよう。

油汚れは
アルコール除菌スプレーでふきとる

二度ぶきがいらないアルコール除菌スプレーが手軽。シュッとひと吹きしてウエスなどでふきとるだけ。

こびりつきは
ぬれぶきんを加熱し汚れをゆるめる

ふきんを水でぬらしてからしぼり、1分ほど加熱。水蒸気で庫内の汚れがゆるむので、あたためたふきんでふく。

魚焼きグリル、オーブントースターを活用

魚焼きグリル、オーブントースターでできること

どちらも同じように使えます。ガス台に魚焼きグリルがついていれば、オーブントースターがわりに。

ホイル焼き

アルミホイルに鮭や鶏肉、きのこなど好みの具材をのせ、包んで焼く。熱の伝導率が高いので、短時間でできる。

パンを焼く

トーストは魚焼きグリルでも短時間でカリッと焼ける。焼く前に庫内を1分ほどあたためておくのがポイント。

肉や野菜のグリル

オーブントースターより高温になる魚焼きグリル。どちらも食材のうまみを閉じ込めて焼ける。容器を使う場合は耐熱性を。

お菓子作り

クッキーやマドレーヌ、チーズケーキなどお菓子作りもおまかせ。魚焼きグリルの場合は火が近いので焦げに注意。

揚げ物のあたため

カリッとさせるならオーブントースターや魚焼きグリルで。クシャッとさせ広げたホイルにのせ片面1〜2分加熱し様子を見て。

使うコツ

汚れ防止にアルミホイルを敷く

あと片づけがラクになるよう、オーブントースターの受け皿にアルミホイルを敷いておくといい。

予熱をしておくとよりおいしく

庫内を1分ほどあたためてから食材を入れると、加熱ムラがなく短時間で仕上がる。

焼く、いためる、煮る、ゆでるの基本

調理の基本となる加熱方法のポイントをおさえましょう。同じ食材でも調理法を変えれば、違った一品に。

焼く

肉や野菜をフライパンや魚焼きグリルを使って焼くだけでりっぱなおかずに。火かげんに注意し、生焼けや焦げを防いで。

POINT 3
何度も返さない

肉を焼くときは何度も返すとうまみが流れ出てしまうのでNG。魚も身がくずれるので、食材はさわりすぎないこと。

POINT 2
厚さを均一にする

鶏肉など厚みが不均一なものは、包丁で分厚い部分に切り込みを入れて開き均一にする。ハンバーグも厚さをそろえ成形を。

POINT 1
食材は常温にもどしておく

焼く直前に冷蔵庫から出すのではなく30分前には出しておく。食材が冷えていると火が通りにくく生焼けや焦げにつながる。

干物を焼く場合

魚焼きグリルを
あたためておく

片面焼きグリルは庫内をよく熱し、身を上にしてのせる。中火で焼き、焼き色がついたら返し、中弱火で皮目を焼く。フライパンの場合は皮目を下にしてのせ、中火にかけて4〜5分焼いて返す。アルミホイルや専用シートを敷いても。

切り身魚を焼く場合

塩を振って
10分ほどおいてから

両面に塩を振り5〜10分ほどおく。水分が出てくるのでキッチンペーパーでふきとる。あたためておいた魚焼きグリル（片面焼き）の網に皮目を下にしてのせて焼く。返して皮目をこんがり焼く。フライパンで焼くなら、切り身をのせてから火をつけるのがコツ。

鶏肉を焼く場合

1 | **冷たいフライパンに皮目を下にしてのせる**

厚みを均一にし、塩で下味をつけ10分ほどおく。油を引いた冷たいフライパンに皮目を下にしてのせる。

2 | **中弱火で10分じっくりと焼く**

弱火から中弱火でじっくりと時間をかけて焼く。もも肉なら10分が目安。脂が多く出てきたらふきとる。

3 | **下半分が白くなってきたら返す**

肉のまわりが白くなってきたら返して5〜6分焼く。ようじをさし、透明な肉汁が出てきたら焼き上がり。

> **むね肉を**
> **やわらかく焼くには…**
> 塩こうじに漬け込んだり、そぎ切りにして焼くとジューシーに。

いためる

油を熱し、食材を入れて水分をとばしながら加熱する調理法。
定番おかずになる「肉野菜いため」を例にコツを伝授。

POINT 3 野菜の水けはしっかりきる

油がはねて危険なのと、仕上がりが水っぽくなるので、水けをしっかりときっておくことが大切。

POINT 1 材料の大きさをそろえて切る

肉、野菜ともに形や長さをそろえて切ると食べやすく、火の通りもムラがなくなる。

POINT 4 火が通りにくいものから順に

肉からいため、火が通りにくい野菜から順に加える。葉物は最後に入れシャキシャキ感を残す。

POINT 2 調味料は事前に合わせておく

強火で手早く仕上げたいので、調味料は火をつける前に計量して合わせておくとあわてずにできる。

ゆでる

素材の味を楽しむためや下ごしらえとして。
アク抜きや油抜きとしても使われます。

POINT 3 卵は常温にもどしてから

冷蔵庫から出して常温にもどしてからゆでると加熱ムラがなくなる。

> 半熟にするなら
> 熱湯に入れて
> 6分
>
> かたゆでなら
> 熱湯に入れて
> 12分

POINT 1 根菜は水からゆでる

根菜やいも類は水からじっくり火を通し、ざるに上げ自然に冷ます。

POINT 2 青菜は湯からゆでる

ほうれんそうやブロッコリーは塩を入れた熱湯でさっとゆでる。

煮る

だしや調味液に食材を入れ、加熱する方法。
煮込み、煮びたし、いため煮などがあります。

POINT 3 浮いてきたアクをとる

煮立ってくると濁った泡が浮いてくるのでお玉ですくいとる。

POINT 1 煮汁はひたひたかかぶるくらい

煮くずれしにくく、味がしみ込みやすいのが「ひたひた」(P77)。

POINT 4 弱火でコトコト煮る

煮立ってからは食材が少し動く程度に火を弱めてじっくり煮る。

POINT 2 調味料はさしすせそ(P72)の順で

最初に甘みを加えるとやわらかく仕上がり、味のしみ込みもいい。

ひとり暮らし先輩に聞いた!

 Q 常備しておくと助かる食材は?

料理を作ることに慣れていないと、スーパーで何を買っておけばいいのかさえも
わからないもの。「これがあれば乗り切れる」という便利食材をピックアップ。

レトルトのおかゆ
「体調をくずして食欲が
ないときに便利」「違う味
を買っておくと飽きない」

乾めん
「そうめんはすぐにゆで
上がるので夏におすす
め」「早ゆでパスタを常備」

冷凍うどん
「長期保存できコスパ最
強」「納豆をのせるだけで、
満腹感が得られる」

（ 主食系 ）

鶏むね肉
「安くて低カロリーだか
らまとめ買い」「どんな
料理にも合わせやすい」

とうふ
「ヘルシーだからダイ
エットにも」「そのまま
食べられるから手間なし」

納豆
「ごはんと納豆があれば
なんとかなる」「健康の
ために1日1回は食べる」

（ おかず系 ）

レトルトカレー
「疲れた日の最高のごち
そうに」「カレーを1人分
作るよりコスパよし」

卵
「卵かけごはん、ゆで卵、
目玉焼きと、料理ができ
なくてもおかずになる」

冷凍ギョーザ
「焼くだけじゃなく鍋や
スープに入れてもいい」
「冷凍庫のスタメン」

魚肉ソーセージ
「常温保存ができて、そ
のまま食べられるのが魅
力」「魚不足が補える」

豆苗
「レンチンしてポン酢
しょうゆをかけるだけで
もいい」「再生できてお得」

にんじん
「サラダ、スープ、煮物
と何でも合う」「炊き込
みごはんにもぴったり」

キャベツ
「半玉買って、塩もみや
マリネにして保存」「野
菜いためにするのが定番」

（ 野菜 ）

冷凍野菜
「切る手間がなく時短に」
「料理をする機会が少な
いから、これで十分」

玉ねぎ
「じゃがいも、にんじん
とセットで買うことが多
い」「みそ汁の具にも◎」

じゃがいも
「マルチに使えて保存が
きくので助かる」「少量
でも満腹感が得られる」

もやし
「食費がピンチのときに。
かさ増しに使える」「とに
かく安いのがうれしい」

ツナ缶
「パスタの具に」「野菜とあえたり、煮たり、炊き込みごはんにしたり便利」

さば缶
「魚不足はこれで解消」「骨まで食べられて栄養価が高いのがいい」

なめたけ
「ごはんのおともに」「味がついているから卵焼きに入れてもおいしい」

トマト缶
「余った野菜と煮込んでスープに」「安いときにまとめ買いしておく」

焼き鳥缶
「味がしっかりしているので、ごはんのおかずに」「卵でとじてもおいしい」

焼き肉のたれ
「安い肉でも焼き肉気分を味わえる」「野菜いためや煮物に使うといい」

めんつゆ
「肉じゃがなど煮物料理はこれさえあれば味が決まる、万能調味料」

白だし
「和食が本格的な味になる」「和風パスタや炊き込みごはんに使ってます」

調味料

鶏ガラスープのもと
「野菜いため、スープ、チャーハン、ナムルなどに。顆粒タイプが便利」

マヨネーズ
「いため物の油がわりにするとコクが出る」「味がもの足りないときに」

ポン酢しょうゆ
「ごま油と一緒に使うと中華風の味に」「ドレッシングのかわりに使う」

チューブ調味料
「しょうが、にんにく、わさび、梅など、生だと使いきれないものはこれ」

鍋のもと
「1人用の鍋のもとがあれば、野菜がたっぷり食べられる。うどんにも」

オリーブ油
「パスタには欠かせない」「野菜にはオリーブ油と塩だけでもおいしい」

ごま油
「香りが食欲をそそる」「とうふにしょうゆと一緒にかけるだけで◎」

カレー粉
「もやしいためにカレー粉を使うとおいしい」「味変するときに使える」

ふりかけ
「ごはんとふりかけさえあれば空腹は満たされる」「おにぎりにも」

乾燥わかめ
「スープやみそ汁に。かさ増しできてダイエットにも」「サラダにも活用」

そのほか

塩昆布
「ほどよい塩かげんだから野菜とあえる、パスタ、いため物とバリエ豊富」

チーズ
「のせるだけでコクが出て満足度が上がる」「ごはんとも相性いい」

PART 4 料理

手間なしで満足度アップ！どんぶり物＆炊き込みごはん

自炊をする時間や気力がない、洗い物を減らしたいときにパパッとできちゃう簡単レシピを紹介します。

03 納豆 ＋ オクラ

オクラはレンジで加熱し、輪切りにする。納豆とたれをまぜてのせる。ネバネバコンビは腸を整えるのに◎。

02 アボカド ＋ 刺し身

まぐろ、サーモンなどの刺し身にアボカド1/2をカットしてのせる。わさびじょうゆやにんにくじょうゆで。

01 目玉焼き ＋ しょうゆ

卵を焼いてのせるだけ。しょうゆや塩、こしょうをお好みで。半熟にすると、ごはんに黄身がからんでおいしい。

※電子レンジは600Wのものを基準にしています。

(ほかほかごはんに ミニおかずをのせるだけ)

06 豚肉 ＋ もやし

耐熱容器にもやし1/2袋と豚薄切り肉を入れレンジで4〜5分加熱。焼き肉のたれなど好みの味つけに。

05 とうふ ＋ 好みの薬味

とうふとねぎ、しょうが、のりなどのせ、お好みでしょうゆやめんつゆを。とうふをくずしながらいただく。

04 焼き鳥缶 ＋ 卵

耐熱容器にといた卵と焼き鳥を缶汁ごと入れる。ラップをして1分半レンジで加熱。さっとまぜてのせる。

03

さくらえび

+

じゃこ

米2合、さくらえび10g、ちりめんじゃこ10g、塩小さじ1、あれば酒大さじ1、分量の水を入れて炊飯。おにぎりにしても◎。

02

なめたけ

+

ツナ缶

ツナは軽く油をきっておく。米2合、なめたけ1/2瓶、ツナ缶1缶分、分量の水を入れて炊飯。味つけしなくてもいいので簡単。

01

塩鮭

+

まいたけ

内釜に米2合、めんつゆ大さじ2と分量の水を入れる。塩鮭1切れ、まいたけ1パックをのせて炊飯。鮭の皮と骨をとってからまぜる。

炊飯器に材料を入れて
炊くだけ!

06

トマト

+

ベーコン

ベーコン2〜3枚は短冊切りにする。米2合、分量の水、固形コンソメ1個、トマト1個、ベーコンを入れ炊飯。バターを入れてまぜる。

05

さつまいも

小ぶりのさつまいも1本を皮ごと食べやすい大きさに切る。米2合と分量の水、塩小さじ1を入れてからさつまいもをのせて炊飯。

04

さば缶

+

しょうが

米2合、さばの水煮缶1缶、チューブしょうが2〜3cm、めんつゆ大さじ2、分量の水を入れて炊飯。生のしょうがを刻んで入れても。

朝食にぴったりの トーストアレンジ

バターやチーズ、ジャムだけでは栄養バランスが悪いので、おかずをのせて満足できる食事パンにしましょう。

03
のり
+
しらす干し
+
チーズ

ちぎったのり、しらす干し、とけるチーズをのせて焼く。のりのつくだ煮を塗ってもおいしい。

02
納豆
+
チーズ

パンに納豆を平らにのせ、とけるチーズをのせてこんがり焼く。のりやねぎをのせても。

01
ハム
+
卵

ハムエッグを作ってのせるだけ。体をつくるタンパク質がとれるのでグッド。

のせるだけで
ボリュームアップ

06
バナナ
+
クリームチーズ

クリームチーズを塗り、薄切りにしたバナナを敷き詰めて焼く。好みではちみつをかけて。

05
ツナ缶
+
マヨネーズ
+
チーズ

油を軽くきったツナとマヨネーズをあえ、パンにのせる。とけるチーズをのせて焼く。

04
明太子
+
マヨネーズ

明太子をほぐし、マヨネーズであえる。パンに塗り、表面に焼き色がつくまで焼く。

食パンをカリッ、ふわっと焼くコツ

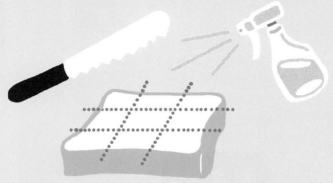

コツ
3 **トースターは あたためておく**

トースターや魚焼きグリルの庫内を十分にあたため、高温＆短時間で焼く。時間をかけると水分が失われてふんわり感が減る。

コツ
2 **切り込みを入れる**

4枚切りなどの厚切りパンは、表面に「井」の字に切り込みを入れる。カリッと仕上がり、バターのしみ込みもよくなる。

コツ
1 **霧吹きで湿らせる**

時間がたつと水分が抜けて乾燥するので、霧吹きで全体を湿らせるとふんわり焼き上がる。びしょびしょにぬらさないこと。

パンは冷凍保存が基本です

かたいパンは 自然解凍してから焼く

フランスパンや厚切りパンは自然解凍をする。冷凍のまま焼くと、中が冷たいままになる。

食パンは1枚ずつ、 フランスパンは カットして包む

空気にふれないようピタッとラップで1枚ずつ包むこと。さらに保存袋に入れれば完璧。

冷凍パンの焼き方

クロワッサン
自然解凍後、アルミホイルにふんわりと包んで焼くと焦げずにサクサク。

ベーグル
厚みがあるので自然解凍。水分を補いアルミホイルに包んで焼く。

フランスパン
冷蔵庫で自然解凍してから、表面を湿らせ、予熱したトースターで焼く。

食パン
6枚切りなら、冷凍のままトースターに。表面を軽く湿らせて焼くといい。

料理

16

忙しい日もOK！10分でできる簡単パスタ

手早くできて、
カフェ気分が味わえるパスタ。
1人分が作りやすいので、
余らせる心配もありません。

**パスタは電子レンジで
ゆでれば
火を使わずできる**

大きな鍋がなくてもOK。専用
クッカーにパスタと水、塩を入
れて説明書どおりの時間で加熱。

あえる だけ

包丁も火も使わずにできる超簡単パスタレシピを集めました。
常備している食材を活用できるので、帰宅後にもラクラク！

03

明太子
＋
バター

明太子もしくはたらこの身をほぐし、
バターは室温にもどす。ゆで上がっ
たパスタを湯きりし、クッカーの中
に明太子、バターを入れてあえる。
しょうゆかめんつゆを加えても。

01

ツナ缶
＋
青じそ

ツナ缶、チューブにんにく、塩、こ
しょう、青じそ2〜3枚を手でちぎ
りボウルに入れる。湯きりをしたパ
スタを入れてまぜ合わせる。ポン酢
やめんつゆで味つけしても◎。

04

とけるチーズ
＋
卵

ボウルに卵をときほぐす。とける
チーズかピザ用チーズを適量入れ、
塩、こしょう、チューブにんにくで
味つけ。ゆで上がったパスタをボウ
ルに入れて全体をしっかりまぜる。

02

カップスープ
＋
冷凍野菜

パスタクッカーにパスタと冷凍野菜、
水、塩を入れ、表示どおりにレンジ
で加熱。湯を5mm程度残し、好みの
カップスープとオリーブ油をひと回
し入れ、まぜ合わせれば完成。

フライパン ひとつで

パスタを別ゆでせずに、具材と一緒に煮込むだけ。
パスタがスープを吸うので、味がしっかりしみておいしさアップ。

パスタは半分に折って投入！
フライパンにおさまるようパスタは半分に折る。パスタ1人前約100gに対し水は200〜300mℓが目安。

01
ツナ缶
＋
キャベツ

オリーブ油とチューブにんにくを中火で熱し、ざく切りにしたキャベツ、ツナをいためる。水を加え煮立ったらパスタを入れて表示どおりゆで、水分をとばす。塩、こしょうで味つけ。

02
ベーコン
＋
きのこ
＋
ポン酢しょうゆ

オリーブ油を中火で熱し、切ったベーコンと好みのきのこをいためる。水を入れ、煮立ったらパスタを加えて表示どおりゆでる。最後に水分をとばし、ポン酢しょうゆで味つけ。

04
しめじ
＋
玉ねぎ
＋
ベーコン
＋
牛乳

薄切りの玉ねぎ、短冊切りにしたベーコン、しめじをいためる。水と固形コンソメ1個を入れ、沸騰したらパスタと牛乳200mℓを入れて煮込む。塩、こしょうで味をととのえる。

03
トマト缶
＋
ミックスベジタブル
＋
冷凍シーフード

フライパンに水と塩を入れ火にかける。沸騰したらパスタ、ミックスベジタブル、冷凍シーフード、トマト缶1/2缶を入れる。ときどきまぜながら表示どおりゆで、水分をとばす。塩、こしょうで味をととのえる。

（ ゆで鶏 ）

安く手に入る鶏むね肉をまとめ買いしたら、ゆでて保存。鶏のだしが出たゆで汁はスープとして活用できてお得です。

材料

●鶏むね肉 … 2枚

作り方

鍋に水を入れて中火にかけ、沸騰したら鶏むね肉を入れる。もう一度沸騰したらふたをして火を止め1時間以上放置。冷めるまでほうっておいてOK。

保存方法

しっかり冷ましてから保存容器に鶏肉がひたるくらいのゆで汁とともに入れて冷蔵庫で2〜3日保存可能。冷凍も可。余ったゆで汁も使えるので保存袋に入れて冷凍する。

使い回せる作りおきおかず

作りおきは便利だけれど、いつも同じになりがち。ほかの料理にアレンジできるものを作りましょう。

ゆで鶏をアレンジ

ゆで汁でごはんを炊けばアジア風ごはんに

材料

●ゆで鶏 … 1/2枚
●米 … 1合
●ゆで鶏のゆで汁
●チューブしょうが
●しょうゆ … 大さじ1

作り方

といだ米としょうが1〜2cm、しょうゆを内釜に入れ、お米の量に合わせてゆで汁を加えて炊く。食べやすい大きさに切ったゆで鶏を添えて盛りつけ。

もやしとあえるだけでナムルに

材料

●ゆで鶏 … 1/2枚
●もやし … 1/2袋
●ポン酢しょうゆ … 大さじ1
●ごま油 … 小さじ1

作り方

ゆで鶏を手で裂く。もやしは耐熱容器に入れ、ラップをして600Wの電子レンジで2分加熱。ポン酢しょうゆとごま油をまぜて、ゆで鶏ともやしをあえる。

ごまドレをかけて棒棒鶏風に

材料

●ゆで鶏 … 1/2枚
●きゅうり … 1/2本
●ミニトマト … 3個
●ごまドレッシング

作り方

ゆで鶏を手で裂く。きゅうりはせん切りにする。ミニトマトは半分に切る。器に盛りつけ、ごまドレッシングを適量かける。

（ 野菜スープ ）

野菜を角切りにしてスープのもとで煮るだけ。
薄味にしておくと、アレンジしやすくなります。

材料　6杯分

- ●にんじん … 1本　●玉ねぎ … 1個　●キャベツ … 6枚
- ●ベーコン … 2〜3枚　●固形スープのもと … 1個
- ●塩・こしょう … 各少々　●水 … 1000mℓ
※冷蔵庫に残っている野菜を使ってもOK。

作り方

野菜をすべて1cmくらいの大きさに切る。ベーコンも1cm角に切る。鍋に野菜とベーコン、水、固形スープのもとを入れて中火にかける。10〜15分煮込み、塩、こしょうで味をととのえる。

保存方法

保存容器に入れて冷蔵庫で2〜3日保存可能。1食分ずつ保存容器に入れて冷凍しても。

野菜スープをアレンジ

- ■ カレーやシチュー
- ■ パングラタン
- ■ スープパスタ　など

市販のルウを入れてカレーやシチューにするのが簡単。ごはんを入れて洋風雑炊にしても。

（ ドライカレー ）

ひき肉をいためてカレー粉で味つけをするだけ。
カレー粉がなければ、ルウを刻んで入れてもOK。

材料　4人分

- ●豚ひき肉 … 200g
- ●チューブにんにく、しょうが … 各1cm程度
- ●カレー粉 … 大さじ1　●トマトケチャップ … 大さじ2
- ●中濃ソース … 大さじ1　●塩・こしょう … 各少々
※にんじん、玉ねぎ、ひよこ豆などを好みで入れても。

作り方

フライパンにサラダ油（分量外）、チューブにんにく、しょうが、カレー粉を入れて中火にかけいためる。豚ひき肉を加えてほぐすようにしながら色が変わるまでいためる。ケチャップ、中濃ソースを加え、塩、こしょうで味をととのえる。

保存方法

小分けにして保存容器に入れ冷蔵庫で3〜4日保存可能。冷凍も可。

ドライカレーをアレンジ

- ■ パンにのせて焼く
- ■ ギョーザ
- ■ パスタソースに　など

食パンにのせてとけるチーズをのせトースト。ゆでたじゃがいもにかけても美味。

節約にもなるお弁当作り

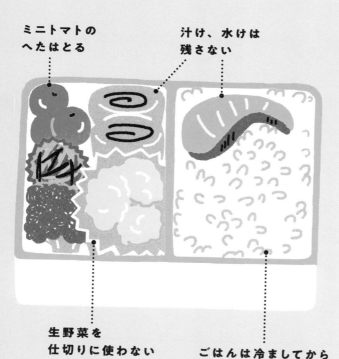

ミニトマトの
へたはとる

汁け、水けは
残さない

生野菜を
仕切りに使わない

ごはんは冷ましてから

学食や社食がなければ、昼食を外食していると食費がかさむ。残り物でもいいのでお弁当を持参しましょう。

お弁当の詰め方POINT

POINT 3 汁けをきる

水分が多いと細菌が増えて傷みやすくなる。汁けが残るものは、すりごまやかつお節を加えてあえると水分を吸収し、うまみもアップ。

POINT 1 ごはん→主菜→副菜の順で詰める

弁当箱に仕切りがなければ、ごはんを斜めに詰めておかずを立てかける。大きめのおかずを入れ、すき間を小さなおかずで埋める。

POINT 4 彩り、すき間を埋めるミニおかずを用意

すき間なく埋めると中身が動かず、ふたをあけたときにきれい。梅干し、ちくわ、うずらの卵、ミニトマト、枝豆がおすすめ。

POINT 2 しっかり加熱ししっかり冷ます

食中毒を避けるために、おかずは中心部までしっかりと加熱すること。詰める前にしっかり冷まし、蒸気がこもらないようにする。

無理なく続けるためのコツ

毎日作るのは大変というイメージがあるけれど、
「好きなものを入れよう」と、まずは気軽な気持ちで始めましょう。

外食日を設ける

たまには友だちとカフェでランチの日があってもOK。おそうざい屋さんを頼るのもあり。頑張りすぎないこと。

おかずを作りおきする

「作りおき」というとハードルが上がるので、夕食用のおかずを多めに作り、お弁当用カップに入れて冷凍保存。

ごはんは1食分ずつ冷凍

朝からごはんを炊くのは大変。お弁当用に1食ずつ冷凍しておけば、解凍するだけ。おにぎりにして冷凍しておいても。

メニューは自由な発想で

ごはんを詰めレトルトカレーを持参したり、焼きそばや具だくさんスープだけでもいい。決まりはないので自由に！

冷凍食品にも頼る

全部手作りである必要はなし。冷凍食品を活用しよう。自然解凍でOKのものが豊富なので、入れるだけで完成。

お弁当に便利なミニ作りおき

自炊に慣れてきたら、お弁当用の作りおきにもチャレンジ。
シリコンカップに分け、保存容器に入れて冷凍しておきましょう。

きのこソテー

しいたけ、しめじ、エリンギなど好きなきのこを食べやすい大きさにさき、オリーブ油でいため、塩、こしょうで味つけ。

ゆで野菜

ブロッコリー、スナップえんどう、いんげん、アスパラガスなど旬の野菜をゆでて小分けに。緑があると彩りがよくなる。

ミニハンバーグ

一口サイズのハンバーグを作り、焼いてから冷凍。塩、こしょうのシンプルな味つけにしておけば、アレンジしやすい。

にんじんのきんぴら

耐熱容器に細切りにしたにんじん、めんつゆ小さじ1、ごま油を少し加え、ラップをして600Wの電子レンジで1分加熱。

PART 4

料理

19

食材もお金もムダにしない 買い物のコツ

生活費の多くを占める食費。限られた予算の中で賢く食材を買うのも、ひとり暮らしに必要なスキル。

ある程度メニューを決めておく

料理のレパートリーが少なくても、何を作るかをざっくりと考えて必要な材料を購入すればムダがない。急な予定変更があることも想定し、きっちり決めないでOK。

毎日ではなくまとめ買いにする

買い物に行くたびにセール品が目に入り、必要ないものや、まだ家にあるものを買ってしまいがち。買い物の回数を減らすことで、余計なものを買いすぎるのを防げる。

米など重いものはネットスーパーを利用

米、調味料、洗剤など重いものは、ネットスーパーでまとめ買いすると労力がかからず、時間も節約できる。買い物額によって配送料がかかる場合もあるので確認を。

冷蔵庫の中を確認しておく

足りないもの、必要なものを把握し、メモをしてから買い物へ。冷蔵庫に残っている食材との組み合わせも考えて。備蓄品も残り1個になっていたら買い足すこと。

キャッシュレス決済でポイント活用

現金を使わずクレジットカードや電子マネーで支払えば、お店のポイントだけでなく、カードや電子マネーのポイントもたまりお得。コツコツためよう。

特売品だからと買いすぎない

安くても使いきれなければもったいないので、必要な量を考えて。長期保存できるものでもストック場所は限られているので、底値のときをねらって賢く買いおきを。

これってまだ食べられる？

賞味期限や消費期限が記載されていれば、わかりやすいけれど、
野菜などは見た目での判断が大切。見きわめる力もつけていきましょう。

賞味期限と消費期限の違いを知ろう

賞味期限 は

**おいしく食べることが
できる期間**

開封しないまま、記載の保存方法を守っていれば品質が変わらずおいしく食べられる期限。期限を過ぎても食べられないわけではない。

消費期限 は

**期限を過ぎたら
食べるのは避けて**

開封しないまま、記載されている保存方法を守っていれば、安全に食べられる期限のこと。傷みやすい食品に表示されている。

期限表示が
ないものもあります

**長期保存しても
品質変化のないものは省略**

砂糖や食塩、アイスクリーム類、チューインガム、氷など品質の劣化が少ないものには期限記載の義務なはし。保存方法は守って。

野菜のアレ、食べても大丈夫？

ピーマンの
種が黒い

**○ 表面がやわらかく
なければ大丈夫**

種とわたはとり除いて食べる。表面に張りがなく、赤みがあると腐りかけているので処分したほうがよい。

じゃがいもの
芽

**△ 小さな芽は
とり除けばOK**

芽が出たら深めにえぐりとれば問題なし。緑色に変色した皮にも毒があるので、緑がなくなるまで厚く皮をむく。

白菜の
黒い点々

**○ ポリフェノール
なので安心**

カビや病気のように見えるが、「ゴマ症」と呼ばれ、ポリフェノールが表面化したもの。食べても害はない。

洗い物の基本手順

4 | フライパンなど 調理道具を洗う

鍋やフライパンなど調理道具は最後に。フッ素樹脂加工のフライパンは表面を傷つけないようやわらかいスポンジを使って洗う。

5 | まとめて よくすすぐ

流水で泡を落とし、手でこすりながらしっかりとすすぐ。食器の表面がぬるぬるしていないか確認を。裏を見落としがちなので、注意。

6 | 水けをきって ふきんの上に並べる

水きりかごを使わなくても、ふきんや水きりマットの上に並べて置けばOK。乾いたら、そのままにせず定位置に戻すこと。

1 | ゴムべらなどで 油汚れをとる

皿はすべて重ねず、油汚れと軽い汚れに分ける。カレーやソースなど油汚れはゴムべらやウエス、ペーパーでふきとっておくこと。

2 | 茶わんなど汚れの 少ないものから

スポンジに洗剤をつけ泡立て、コップや箸など汚れが少ないものから洗う。ごはん茶わんは水につけて、米粒をふやかしておくといい。

3 | 油汚れの あるものを洗う

あらかじめ油汚れをふきとっておいた食器を洗う。表だけでなく、裏や縁も忘れずにしっかりと洗う。洗ったものから重ねて置く。

洗剤は よく泡立てて使う

水を含ませたスポンジに洗剤をワンプッシュ出し、もんで泡立てる。泡立てることで汚れが落ちやすくなる。

PART 4

料理

20

面倒だから効率よく。あと片づけのコツ

調理道具や食器を洗って、しまうまでが自炊。あと回しにすると面倒なので、すぐにとりかかりましょう。

112

コップについた茶渋の落とし方

使うたびに洗っているはずなのについてしまう茶渋やコーヒー渋は、定期的にお手入れを。

酸素系漂白剤につけおき

湯に酸素系漂白剤をとかし、コップをつけおきするだけ。メラミンスポンジでこする手も。

鍋の焦げつきの落とし方

力まかせに落とすのはNG。鍋やフライパンの素材によって落とし方が異なるので、要注意。

ほうろう・ステンレス
重曹を入れ煮立たせる

鍋に水を張り重曹をスプーン1〜2杯入れ、約10分煮立たせる。冷ましてから落とす。

フッ素樹脂加工
鍋に水を張り沸騰させる

傷つきやすい素材なのでこすらないで。水を沸騰させて、冷めたら焦げをやさしく落とす。

アルミ
酢を入れて沸騰させる

鍋に水を張り、酢をスプーン2〜3杯入れて沸騰。冷めたらスポンジでこすり落とす。

鉄
焦げを焼ききりたわしでこする

鍋を火にかけ、焦げをさらに焼く。ボロボロとくずれたら火を止め、冷めてからこすりとる。

スポンジやふきんも忘れずにお手入れを！

雑菌が繁殖しやすく、不衛生になりがち。使い終わりのお手入れを習慣に。

まないたは
アルコール除菌スプレーをかける

食器用洗剤で汚れを落とし、水けをきる。乾いたらアルコール除菌スプレーを吹きかけておく。熱湯消毒でもOK。

ふきんは
煮沸消毒か漂白剤につけおき

綿や麻素材なら沸騰した湯で煮るか、酸素系漂白剤につけおき。水けをきり、風通しのよいところに干し、乾燥。

スポンジは
食器用洗剤で洗い熱湯消毒

食器を洗い終わったら、スポンジも洗剤で洗う。熱湯をかけ1〜2分おき、水けを切って天日干し。よく乾燥させる。

楽しく節約できる！
キッチン菜園に挑戦

室内でも野菜が育てられ、彩りがほしいときに便利。一度、トライして！

種や根がついていたら再生可能！

種や根がついた野菜なら、食べたあとに育てることが可能。
水があればできるので、お手軽です。

(**豆苗**)

根元にある小さな葉を残してカット。容器に入れ、根だけ水につける。窓ぎわに置き、毎日水をかえること。

(**にんじんの葉**)

葉つきにんじんは、1〜2cm厚さでへたをカットし、水を入れた浅い容器に入れる。伸びた葉をあえ物などに。

(**小ねぎ**)

小ねぎ（万能ねぎ）は、根元3〜5cmを残してカット。深い容器に入れ、毎日水をかえる。5日前後で伸びる。

PART 5

洗濯

衣類や寝具など身の回りのものを、いつも
清潔に保ちましょう。洗剤選び、手洗い方法、
干し方など基本をイチからおさらい。

洗濯用洗剤の主な種類

（おしゃれ着用洗剤）
〈中性〉

**生地を傷めず
風合いを保つ**

シルクやウール、レースなどデリケートな素材や、手洗いマークがついた衣類を洗うときに使用。色落ちや型くずれを防いでくれる。

（一般洗濯用洗剤）
〈弱アルカリ性・中性〉

**洗浄力が高い。
ふだん着洗いに**

液体、粉末、ジェルタイプがあり、白く仕上げる蛍光剤入りと、なしのものに分かれる。漂白、抗菌、防臭、柔軟効果がある場合も。

（部分洗い用洗剤）
〈弱アルカリ性・中性・弱酸性〉

**皮脂や泥汚れ、
食べこぼしに**

えりやそで口の皮脂汚れ、汗ジミ、泥はね、食べこぼしのシミなど頑固な汚れをピンポイントで落とすときに。

（柔軟剤）

**ふんわり仕上げて
静電気を防ぐ**

衣類のリンスのような役割で、なめらかに仕上がる。消臭、抗菌、シワ予防効果、香りつきなど種類豊富。

（漂白剤）

**シミや黄ばみ、
ニオイに効果的**

落ちにくい頑固なシミや汚れを落とす効果がある。皮脂汚れや蓄積した汚れを落とし、ニオイを防ぐ。

塩素系 » 水洗いできる白い衣類に。高い漂白力と除菌消臭効果がある。色柄ものに使うとすぐに色落ちするので注意。

酸素系 » 色柄、白無地どちらにも使用可。液体と粉末タイプあり。

汚れや素材に合わせて洗剤を選ぶ

»

洗濯機にまかせれば安心、ではありません。洗濯で失敗しないためには、衣類に合った洗剤選びが大切。

洗濯 基本の き

洗剤の分量を守る

多いとすすぎが不十分に、少ないと汚れ落ちが悪くなるので、容器にある使用量の目安を参考にして。

**洗濯物は
入れすぎない
七〜八分目に**

一度にたくさん洗おうと詰め込みすぎはNG。汚れが落ちきれず、くすみやニオイの原因になる。

ニオイの原因・汚れや菌をためない5つのルール

洗剤を入れてスイッチを押せば汚れもニオイも落ちると思ってはダメ。洗う前後の扱いにも注意を。

RULE 1
ぬれたタオルと汚れたものを一緒にしない

菌は水分があると繁殖しやすいので、ぬれたものと汚れたシャツや下着などを一緒にしておくとイヤなニオイが発生しやすい。

RULE 2
洗濯槽の中にためこまない

どうせ洗うからと、汚れたものを洗濯槽の中に入れてしまいがちだけどNG。湿けがこもって、雑菌の繁殖が進み、くさくなる。

RULE 3
食べこぼしなどのシミを放置しない

シミや化粧品汚れは時間がたつと落ちにくくなるので、気づいた時点で処理を。しつこい汚れは、洗濯前の予洗いも効果的。

RULE 4
週に2〜3回は洗濯をする

1人分の洗濯量は少ないので、まとめて洗濯したくなるが、時間がたつと汚れ落ちも悪く、菌も発生するのでまめに行って。

RULE 5
脱水をしたらすぐに干す

洗濯してきれいになったのに放置すればするほど菌が繁殖。また、シャツなどのシワが伸びにくくなるので、すぐに干して!

縮みや色落ちさせないため最適な洗い方を見分ける

洗濯前に必ずチェックしたいのが「洗濯表示」。家で洗えるかなど取り扱いについて教えてくれます。

洗濯表示を覚えよう

新しくなってます

洋服についているタグに小さなマークがついています。それが洗濯表示。洗濯方法や禁止事項がわかるので、洗濯前に確認を。

5つの基本記号があります

家庭洗濯　　漂白　　乾燥　　アイロン　クリーニング

洗濯作用の強さ

通常 》　線なし
弱い 》　―
非常に弱い 》　＝

アイロンや乾燥の温度

●　　●●　　●●●

低い ━━▶ 高い

数字

95 70 60
50 40 30

洗濯液の上限温度をあらわす

禁止

基本記号との組み合わせで禁止をあらわす

41種類ある中でこれだけはおさえて！！

》洗濯方法

家での洗濯機洗いができる。中の数字は洗濯液の上限温度を、下線は洗い方の強さを示す。

洗濯液の温度は40℃を限度として手洗い処理ができるマーク。

家での洗濯処理はできないマーク。クリーニング店へ。

》漂白

ただの三角（左）は酸素系、塩素系両方の漂白剤が使える。斜線入り（中）は酸素系のみ処理が可能。×入り（右）は漂白不可。

》クリーニング

 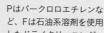

Pはパークロロエチレンなど、Fは石油系溶剤を使用したドライクリーニング。Wはウエットクリーニング。×入りはクリーニング不可。

手洗い可の
マークでも要注意！

水にぬらすと
縮みやすい素材は
慎重に扱う

ウール	シルク
カシミヤ	レーヨン
キュプラ	麻

水洗い禁止マークがついていなくても、シルクやカシミヤ、ウール100％のニットなどは縮みやすいのでやさしく扱って。

シワ加工やレースは
縮みやすいので
クリーニングに出すのも手

プリーツやシワ加工、レースつきなど凝ったデザインの服は、専門家にまかせたほうが無難。

衣類を長もちさせる
洗い方のコツ

型くずれを防ぐには
洗濯ネットを活用

ブラウスやニット、装飾品がついたものは洗濯ネットに入れる。ブラジャーも下着用のネットに入れて。1ネットに1着が基本。

色物は裏返しにして
色あせ、色移りを防ぐ

濃い色やデニムなど色落ちしやすい衣類は白いものと分け、裏返しにしてから洗う。ゴミがつくのも防げる。

大切な衣類は
クリーニングへ

縮みや色落ちしやすい素材、アイロンがけがむずかしい衣類は専門家にまかせよう。

出すときのポイント

- ☑ ポケットの中身を出す
- ☑ シミなど汚れが気になる箇所を提示
- ☑ 上下セットの服は一緒に出す

受けとり後のポイント

- ☑ その場で汚れ落ちを確認
- ☑ 家に帰ったらビニール袋をはずし、
  湿けをとばしてから収納

クリーニング料金の相場

ワイシャツ	100〜500円
スーツ	1,000〜2,000円
コート	1,200〜2,000円
ワンピース	800〜1,200円

大物洗いには
コインランドリーがラク

毛布や布団、カーテンなどはコインランドリーで乾燥まで仕上げてしまうとラクちん。

使うメリット

- ☑ 一度に大量に洗濯できる
- ☑ 深夜でも音を気にせず洗える
- ☑ 布団や毛布、ラグなど大物が洗える機種もある
- ☑ 乾燥までスピーディー
- ☑ スニーカーが洗える機種もある

用意するもの

- ☑ お金（1回500円〜1,500円）
- ☑ 洗濯ネット
- ☑ 洗剤＆柔軟剤（自動投入の場合あり）

ココに注意

- ☑ 使用前に洗濯機の中をチェック
- ☑ 洗えないものを確認しておく
- ☑ 終了後は長時間放置しない

PART
5
洗濯

⬚ がついていれば家で洗えます

⬚ は水洗いができないので、クリーニングに出しましょう

おうちでおしゃれ着洗いの手順

1 | **目立つ汚れは先に落とし、そで口を外にしてたたむ**
シミなどの汚れはおしゃれ着用洗剤の原液をつけ、たたいて落とす。汚れた部分を表にしてたたむ。

⌄

2 | **洗面器に水と中性洗剤を表示量入れる**
表示に沿って上限温度内の水温の水におしゃれ着用洗剤を分量に合わせて入れ、洗濯液をつくる。

⌄

3 | **両手でやさしく押し洗いを20〜30回繰り返す**
洗濯液に浸し、上から両手でやさしく押しつける。手を戻し衣類が浮いてきたら押す、を繰り返す。

⌄

4 | **押し洗いしながらすすぎ、最後に柔軟剤を入れる**
手で押してやさしく水けをきる。水を入れかえながら泡がなくなるまですすぐ。最後に柔軟剤の液に浸す。

⌄

5 | **脱水をして形を整え日陰で平干し**
タオルで水けを吸いとるか、洗濯ネットに入れて洗濯機で15〜30秒脱水。形を整えて陰干しする。

「手洗い」マークの服を家で洗う方法

ウールやシルクなどのデリケート素材を洗うには、衣類への負担を減らすように、ていねいに扱うのが基本。

服にシミがついたら こすらず「たたく」

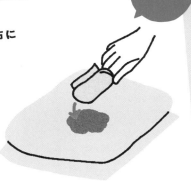

基本

シミをたたいて**当て布に** **汚れを移す**

外出先でしょうゆやソースがはねたときにこするのはNG。固形物はつまみとり、シミの下にハンカチやティッシュを敷き、水でぬらしたティッシュで上からポンポンとたたく。

ソースの飛び散りやお茶をこぼしたときは、あわてずに対処を。あせるとかえって広げてしまうので注意して。

水性の シミ

しょうゆやコーヒーなど 水にとけやすいシミは水ぶき

ついた直後なら水でぬらしたティッシュなどでシミ部分をつまみ、汚れを移しとる。落ちないときは当て布をし、食器用洗剤をつけた歯ブラシでたたいて、水洗い。

油分の シミ

カレーやミートソースなどの 油分を含むシミは食器用中性洗剤で

固形物をそっとつまみとる。シミの下にタオルなどを当て、食器用洗剤をつけた歯ブラシや布で上からたたいて当て布に汚れを移し、よくすすぐ。

血液 汚れ

ついてすぐなら水で流す。 時間がたったら食器用洗剤で

血の主な成分はタンパク質。お湯を使うと固まってしまうので、すぐに水洗いを。固まってこびりついていたら、食器用洗剤や酸素系漂白剤を使って洗う。

泥はね

歯ブラシで泥を かき出してから洗濯

ドライヤーで乾かし、繊維に入ったこまかい泥を歯ブラシでかき出す。部分的なら食器用洗剤でたたいて落とす。全体なら酸素系漂白剤につけおきするとラク。

洗濯物を早く乾かし ニオイを防ぐ「干し方」

干す前に

シワを防ぐには、脱水後に大きく数回振りさばく

シャツなどシワになりやすい衣類は、干す前に大きく3〜4回振ると洗濯でできたシワが伸びる。強く引っぱると生地が傷みやすくなるので、注意して。

風通しをよくする基本の干し方

ボトムは筒状に

デニムなど厚手のボトムは裏返し、ウエスト部分をピンチで留める。裏返しにすると生地が重なっているポケット部分も乾きやすくなる。

長短交互に干す

早く乾かすためには、風の通り道をつくることが大切。丈をそろえるよりも、長いもの、短いものを交互に干したほうが風の当たる面積が増えて乾きやすくなる。

大物は蛇腹干し

室内干しでシーツやバスタオルを干すときは、スペースをとらないようピンチハンガーを使って。蛇腹状に干せば、風の通りがよくなり乾きやすい。

122

ベランダのフェンス
より上に干すと
まる見えになる

女性の場合、洗濯物が外から見えない工夫を。一度、家の外から確認をしてみよう。下着は必ず室内干しに。

夜の外干しは
湿けがつくだけでなく
防犯上も危険!

夜に洗濯をする場合は、室内干しに。乾きが悪いだけでなく、不在だと思われてあき巣にねら狙われやすい。

カーテンレールに
つるすとニオイや
汚れがつくのでNG

つるす場所がなく、カーテンレールにかける人も多いけれど、カーテンの汚れがついてしまうので避けて。

シーツはハンガー3～4本を
使ってすき間をつくる

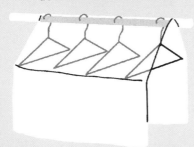

布が重なっていると乾きが遅くなるので、風の通り道をつくること。物干しざおが1本しかない場合が多いひとり暮らしでは、ハンガーを使って通気性を高めて。

室内干しは扇風機などを使い
空気を循環させること

梅雨時期など室内干しをするときは、エアコンの除湿機能や扇風機を活用。乾きが遅くなると雑菌が繁殖してイヤなニオイが発生するので、家電に頼って短時間で乾かそう。

フードつきトップスは
針金ハンガー2本使い

針金ハンガーを折り曲げてフード部分にひっかけると通気性がよくなる。厚手のスエットなどわきが乾きにくいものは、ピンチハンガーに逆さにしてつるすと乾きやすい。

トラブル 1 ティッシュと一緒に洗ってしまった！

≫ 柔軟剤を入れて洗濯し直して

粘着テープでとるのは時間がかかるので、柔軟剤だけでもう一度洗うとはがれやすくなる。柔軟剤を入れた水に約30分つけてから1回すすぎ、脱水を。それでもとれないときは、スポンジで表面をやさしくこする。

食器用スポンジで こすりとるのも手

トラブル 2 白い服に色移りしちゃった！

≫ 乾く前に濃いめの洗剤で洗う

色移りした洗濯物が乾くと色が定着して落とせなくなる。気づいたらすぐに対処を。50℃くらいのお湯に洗濯用洗剤を適量の2倍入れ、さらに酸素系漂白剤を加えてつけおき。白無地なら塩素系漂白剤につけおきして、洗濯機で洗う。

トラブル 3 セーターを洗ったら縮んじゃった！

≫ ぬるま湯につけおき後、伸ばして干す

ウールのセーターの場合は、おしゃれ着洗い用の洗剤を表示量とかしたぬるま湯に30分ほどつけおき。すすいだら軽く脱水し、元の大きさになるようやさしく伸ばして平干しにする。セーターは洗う前に、大きさを測るか型紙を作っておくといい。

洗濯あるあるトラブル
これで解決！

気をつけていてもうっかりミスをしてしまうもの。挽回できることもあるので、対処法を覚えておきましょう。

トラブル 4 セーターがびよ～んと伸びてしまった！

》 アイロンのスチームを当てて整える

ウールやカシミヤのニットはあたためると縮む性質があるので、伸びたそで口やすそにアイロンのスチームを当てると縮む。手で整えながら行って。水の重みで伸びることがあるので、セーターを干すときは平干しにしよう。

トラブル 5 部屋干ししたら、乾いたのにクサイ！

》 酸素系漂白剤でつけおき洗いを

乾燥に時間がかかると、洗濯で落としきれなかった汚れが酸化したり、雑菌が繁殖してイヤなニオイが発生。酸素系漂白剤でつけおき洗いをすると解消できる。ニオイのもととなる菌は熱に弱いので、高温のアイロンをかけるのも有効。

トラブル 6 夏服を出したら白い服に黄ばみが

》 40℃以上のお湯＋漂白剤でつけおき洗い

漂白剤

洗濯で落としきれなかった汗や皮脂汚れが時間の経過によって酸化したのが黄ばみ。水洗いできる白無地なら、40～50℃のお湯に塩素系漂白剤でつけおき洗いを。色柄物は酸素系漂白剤を使う。服は一度でも着たら衣替え前に漂白剤を使って洗っておこう。

すぐに洗わない服は着用後のケアでキレイに

頻繁に洗濯することができないアウターやニットは着るたびにケアをしましょう。ひと手間で長もちしますよ。

アウターのケアの仕方

そで口や首回りの汚れは
中性洗剤でふく

おしゃれ着用洗剤を手洗い用の濃度にとかし、ハンカチなどを浸して軽くしぼる。そで口などの汚れた部分をたたき、黒ずみを落とす。洗剤をふきとり乾かす。

専用ブラシで
汚れを払い陰干し

繊維の中に入ったホコリなどを衣類用ブラシで浮き上がらせて落とす。毛足に合わせて上から下へブラシを動かす。汗など湿けをとるために干してからしまって。

ニットのケアの仕方

大きな毛玉は
ハサミでカット

コロコロして手でつまめる毛玉は眉用ハサミなど小さなものでカット。小さな毛玉は衣類用ブラシか、食器用スポンジで表面を軽くこするととれる。

平らなところで
ブラッシング

テーブルなど広いところにニットを広げ、衣類用ブラシを上から下へ動かして毛足を整えつつホコリを落とす。繊維のからまりがほぐれ、毛玉防止になる。

タバコなどの
イヤなニオイがついたら
スチームアイロンでオフ

タバコや焼き肉などのニオイは、蒸気をたっぷり当てると気にならなくなる。入浴中に浴室につるすのも効果的。消臭・除菌スプレーを利用するのもあり。

ファブリックや家具を清潔に保つには

洋服以外の布物も定期的にケアをして、ニオイや菌をとり払って。部屋のニオイ対策にもなります。

（マットレス）

1～2カ月に1回は掃除機で汚れを吸いとる

シーツやパッドを敷いていてもホコリはたまるもの。掃除機をゆっくり動かして吸いとる。

立てかけて裏面にも風を当て湿けをとる

湿けがたまりやすいので、風が当たる窓ぎわに立てかけて裏表、両面を乾燥させる。

敷きパッドはこまめに洗う

シーツや敷きパッドは洗濯機で洗えるので、常に清潔にしておこう。週に1回は洗いたい。

（布団＆枕）

週に1度は天日干しを

就寝中は大量の汗をかくので湿けがたまりがち。外に干せないなら、イスにかけるなどして風を通す。

洗濯できるものは年に1～2回はまる洗い

洗濯表示を確認し、洗えるものは中性洗剤でまる洗いを。風が通りやすいようにし、しっかり乾かす。

（カーテン）

ネットに入れて洗濯機でまる洗い

洗濯表示を確認し、家で洗えるものは大きな洗濯ネットに入れておしゃれ着用洗剤で洗う。

カーテンレールにつるして乾かす

脱水後、フックをとりつけカーテンレールにつるすだけ。水分の重みで自然にシワがとれる。風を当てるのは忘れずに。

（ソファ）

布製は粘着クリーナーと掃除機でホコリや髪の毛などのゴミをオフ

掃除機や粘着クリーナーで表面のゴミをとる。汚れが気になるときは、薄めた中性洗剤でふく。

革製はやわらかい布でやさしくふきとる

やわらかい布で表面の汚れをふきとる。3カ月に1回は革専用クリーナーとクリームを使ってケア。

靴、バッグ、帽子のお手入れ法

(スニーカー)

キャンバス地の場合

水洗いOKのキャンバス地やナイロン製。ひもつきははずしておくと洗いやすい。

>> **準備するもの** ☑ 酸素系漂白剤 ☑ 洗濯用洗剤 ☑ ブラシ ☑ タオル

1 | 泥はねなどの汚れを払う

歯ブラシなどでホコリや土などの汚れをかき出して落とす。ゴムの部分の汚れは、消しゴムやメラミンスポンジでこすって落とす。

2 | 洗濯液に30分ほどつけおき

ぬるま湯に洗濯用洗剤と酸素系漂白剤をとかし、靴を入れる。30分以上つけおき。頑固な汚れは長めに。

3 | ブラシで汚れをこすり洗い

内側やベロの部分、靴底もブラシでこすって洗う。ブラシが入りにくいすき間は歯ブラシを使うといい。

4 | すすぎ後洗濯機で脱水

流水ですすぐ。すすぎ不足だと変色する。タオルにくるみ、ネットに入れ洗濯機で脱水。

5 | 陰干しする

形を整えたら、風通しのいい日陰に立てかけて乾かす。直射日光に当てると色あせの原因になるので避けて。

レザーの場合

専用のクリーナーでふくのが無難。水洗いOKのものもあるので、その例を紹介します。

>> **準備するもの** ☑ 中性洗剤 ☑ スポンジ ☑ タオル

1 | 中性洗剤を薄めた液をつくる

おしゃれ着用か食器用洗剤を水で薄めて洗濯液をつくる。デリケートな素材なので薄めにするのがポイント。

2 | しっかり泡立ててやさしくこする

スポンジに洗濯液を含ませ、よく泡立てたら汚れた部分をやさしくこすって落とす。内側や底なども洗って。

3 | よくすすぎ、タオルで水けをふきとる

泡が残らないようにしっかりとすすぐ。タオルで水けをふきとったら陰干し。乾いたら防水スプレーをする。

(スエード靴)

≫ 準備するもの
☐ ブラシ ☐ 消しゴム
☐ 栄養・補色スプレー ☐ 防水スプレー

1 | **ブラシで**
ホコリや汚れを払う
毛足の中に入ったホコリや土・砂をブラシでやさしくかき出す。

2 | **消しゴムで汚れを落とす**
表面についた汚れは消しゴムでこすって落とす。靴専用のクリーナーもある。

3 | **栄養・補色スプレーをかける**
スエードに栄養を与えて色を保つために専用スプレーを。乾燥後ブラッシング。

4 | **防水スプレーで仕上げる**
最後に防水スプレーをして保護。しっかりと乾かしてから靴箱にしまって。

(革靴)

≫ 準備するもの
☐ ブラシ ☑ やわらかい布 ☐ 靴クリーム
☐ 革靴用クリーナー ☐ 防水スプレー

1 | **ブラシで汚れを落とす**
靴用ブラシで表面についたホコリを落とす。こまかいところまでていねいに。

2 | **クリーナーをつけ**
汚れをふきとる
やわらかい布に専用クリーナーをつけて円を描くようにのばしながら汚れをふく。

3 | **クリームをムラなく塗り磨く**
靴クリームを布につけ、少しずつ塗って全体になじませたらブラシをかける。

4 | **防水スプレーをして仕上げる**
水や油分、汚れから靴を守るために防水スプレーを吹きかけておく。

(帽子)

≫ 準備するもの
☐ 中性洗剤 ☐ ブラシ ☐ ざる

型くずれしないように
ざるを活用して干す
洗濯表示で水洗いできるか確認。頑固な汚れがあれば洗濯液につけおき。押し洗いしてすすぎ、脱水後にざるにかぶせて干す。

(布製バッグ)

≫ 準備するもの
☐ 中性洗剤 ☐ スポンジ ☐ 歯ブラシ

中性洗剤とスポンジで
やさしくこすり洗い
色落ちしないか事前に確認。洗濯液の中にバッグを浸し、スポンジや歯ブラシで汚れを落とす。底を上にして逆さにして干す。

ボタンがとれた、すそがほつれたとき用に
基本の裁縫をおさらいしよう

ボタンつけくらいは自分でできるようにしたいもの。
簡単な裁縫ができるように、基本の裁縫道具を用意しておきましょう。

ボタンのつけ方

とれかかったらすぐにつけ直せば、なくさずにすみます。
購入時についていた予備のボタンも保管しておいて。

3｜ボタンの根元に 2～3回糸を 巻きつける

裏から針を刺したらボタンの穴に通さず、ボタンの根元に糸を2～3回巻きつける。

1｜布の裏から 針を刺し、 ボタンの穴に通す

針に糸を通し、端を玉結びに。布をひと針すくい、ボタン穴に裏から針を通し、隣の穴に通す。

4｜布の裏側で 玉止めにする

針を布の裏側に出し、針に糸を2～3回巻きつけてから針を抜き、玉止めにする。

2｜穴に 2～3回 糸を通す

針をボタンの穴に通すのを2～3回繰り返す。ボタンと布の間に少しすき間をつくって。

すそのほつれは「まつり縫い」に

パンツやスカートのすそのほつれも簡単に直せます。100円ショップでも買えるすそ上げテープも便利。

3｜最後に裏側で 玉止めにする
5mmくらいの間隔で**2**を繰り返し、ほつれ部分を修繕。最後に裏側で玉止めにする。

2｜表布を少し すくって裏側から 針を通す
表に縫い目が出ないよう布の織り糸を1～2本すくい、折り山の裏から針を通す。

1｜折り込まれた すその裏から 針を刺す
糸は布と同系色を使う。針に糸を通し玉結びにする。折り山の端に裏から針をさす。

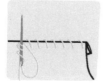

PART 6

お金
の
管理術

ひとり暮らしは自由で楽しいだけでなく、
限られたお金で生活する難しさも
あります。ムダづかいせず、賢く使いましょう。

1カ月に使えるお金を把握する

収入から必ず出ていく固定費を引いた額が、生活費として使えるお金。
食費や日用品購入に必要なお金なので、しっかり確保を。

収入
- 給料
- 仕送りなど

−

固定費
- 家賃
- 水道光熱費など

＝

生活費
- 食費
- 日用品代など

毎月決まって出ていくお金

固定費

家賃
固定費の大半を占めるのが家賃。収入の約3割が目安とされている。滞納しないよう真っ先にとっておくお金。

水道光熱費
水道代は2カ月に1回、電気、ガス代は毎月支払う。冷暖房費がかかる夏・冬は予算を多めにとっておくこと。

通信費
ネット接続のプロバイダー料など。在宅時間が少なければ、ポケットWi-Fiにしても。無料になる賃貸住宅も。

そのほか
NHK受信料
定期代（学生の場合）
保険料
サブスクの料金
など

スマホ代
通信費と一緒にしても。アプリやゲームに課金すると増えるので、注意。新生活に向けてプランの見直しも必要。

貯金
余ったお金を貯金するのではなく、予算に組み込んでおいて。急な出費にも対応できる。収入の約1割を目標に。

1カ月のお金の流れを把握しよう

お金は湯水のようにわいてはこないもの。毎月の決まった収入と、出ていくお金をきちんと管理。

毎月使う額が変動する

生活費

食費や日用品代は予算を決めてやりくりを。
上手にやりくりをすれば、趣味や交際費に使えるお金が増えます。

被服・美容費

衣服、靴、化粧品、ヘアサロンなどにかかるお金。季節ごとに上手に予算立てをしよう。

日用品代

トイレットペーパー、洗剤、シャンプーなど消耗品にかかる費用。セールをねらって安いときに買って節約を。

食費

生きるうえで欠かせないもの。減らしすぎても健康を害するのでほどほどに。収入の15%を目安にする。

予備費

医療費
帰省代
冠婚葬祭費
など

趣味・娯楽費

本や映画、ライブ鑑賞などにかかる費用。決まった趣味がある人は予算に入れておくこと。

交際費

友だちや同僚との外食、飲み会、遊びにかかるお金。つきあいを大切にしながらほどほどに。

家計簿でお金の流れをチェックしよう

ひとり暮らしを始める前に、予算を立てておくことが必要。
生活が始まったら、実際に使ったお金を書き出し、チェックを。

- ☑ 形式はなんでもOK
- ☑ 費目はシンプルに
- ☑ まずは3カ月続ける

何にどれだけ使ったかを把握するには、一覧にすること。ノートに書く、レシートをはる、家計簿アプリを使うなど好きな方法で行って。

やりくり上手になる お金の管理術

お金は意識して使わないと、あっという間になくなっていくもの。最初は目に見える形で管理するのがおすすめ。

1 | 給料日後に 1カ月に使うお金を 費目ごとに振り分ける

家賃、水道光熱費、通信費など引き落としのものは、同じ口座にまとめておくと忘れずに管理しやすい。生活費をおろして、費目ごとに分けて封筒に入れて管理する。

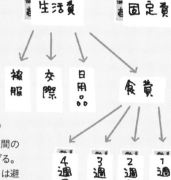

 収 入

生活費　　固定費

被服　交際　日用品　食費

4週目　3週目　2週目　1週目

2 | 食費はさらに 1週間分ずつ分ける

食費は4等分にして、袋分け。1週間の予算を決めておけば使いすぎが防げる。足りない分を翌週から補充することは避けて。5週目がある月は日割り計算を。

POINT

余ったお金は 貯金に回す

余ったからといって使うのではなく、貯金や予備費に回すか翌月に繰り越し。使いきらないこと。

クレジットや 電子マネーも含める

キャッシュレス決済は簡単に支払いができる分、管理がおろそかに。予算に入れ、使った額もメモする。

お金は一度に まとめておろす

お金が足りなくなって時間外にATMを使うと手数料がかかる。なるべく一度にまとめて引き出して。

電子マネーを使うPOINT

事前にチャージした範囲内で利用し、使いすぎを防いで。

POINT **1** 持ちすぎず 1〜2種にしぼる

POINT **2** オートチャージ にしない

カード式のものとQRコードを読みとって決済するものがある。「オートチャージ」にはしないで、現金チャージにすると現金同様にやりくりしやすい。買い物をしたらレシートをもらい、家計簿に記録しよう。

ポイ活で賢くお金を使おう

購入金額に対してポイントがたまるのを利用して、家計の足しに。

☑ **日用品やストック品は ポイントアップデーにまとめ買い**

消費期限がなく、長期保存できるものや日用品はポイント還元率の高い日をねらって購入。

☑ **共通ポイントカードとの Wポイントをねらう**

そのお店専用のカードのほかに、全国で使えるカードを併用してコツコツためる。

☑ **よく行くお店をしぼって ポイントを集中化**

スーパーやドラッグストアは何カ所も利用するとポイントが分散するので、1〜2店に。

☑ **有効期限を確認して忘れずに使う**

せっかくためても期限が切れて失効したらもったいない。使える単位も確認しておこう。

決まって出ていく固定費を見直してみる

生活費を圧迫しているのは、実は固定費。見直す価値あり！

PART 6 お金の管理術

見直し **3**

サブスク商品・ サービス

今使っている音楽や動画配信、マンガ・雑誌の読みほうだいなどのサブスクの料金と利用頻度から本当に必要か再確認を。

見直し **2**

電気・ガス代の 契約

電力・ガスの自由化で選択肢が増えている。セット契約でお得になる場合も。時間帯によって料金設定が変わる電気料金プランもあるので検討を。

見直し **1**

スマホ・通信費の プラン

実家暮らしのときと同じプランではなく、ひとり暮らしに見合ったものを検討。ネット回線もセット契約で安くなるので、比較検討すること。

ひとり暮らし先輩に聞いた!

Q どんな節約してますか?

我慢する節約は続かず、反動で大きな出費になることも。日々の暮らしの中で、意識を変えれば小さな出費が抑えられるもの。ムダを省くテクを身につけて。

水筒持参で
ペットボトル飲料を買わない

「コンビニで毎日買うとそれだけで出費がかさむので、家でお茶をいれて持っていきます」
「水出しコーヒーなら簡単に作れる」

食事をパターン化して
ムダな買い物をしない

「ひとり暮らしは作る料理が限られてくるから、いっそパターン化したほうが何かと便利。決まった食材しか使わないのでムダなし」

モニターや懸賞に応募

「化粧品の試供品やモニターに応募して美容費を浮かす」「懸賞用のメルアドをつくり、個人情報を管理。偽サイトにも注意」

1駅分なら歩く

「定期券で行ける範囲以外のところは、1駅程度なら歩いて節約とダイエット」「遊びに行くときは定期券の圏内ですませています」

1週間分の献立を
考えてからまとめ買い

「安いものを買っても使わなければムダになるだけ。材料の使い回しを考えて献立を決めておけば、余計なものを買わずにすむ」

使っていない
電気はこまめに消す

「電気のつけっぱなしはしないようにする」
「エアコンはタイマーで時間を決めて使うように。設定温度も冷房なら 25℃以上に」

お金は
1回にまとめて

「ATM の手数料はチリつもでバカにならない。平日に1回で引き出す」「利用している銀行の ATM 以外は絶対に使わない」

食費専用カードを作る

「キャッシュレス決済のために食費専用のカードを作って管理。明細が家計簿がわりになるのもいい」

オンライン飲みにする

「飲み会はオンラインが定番に。ドリンク代も食べ物代も自分の分だけでいいから、コミュニケーションをとりつつ節約できて最高」

満腹のときに
買い物に行く

「おなかがすいていると、あれもこれも欲しくなって余計なものを買いがち。ごはんを食べてから行くと冷静に判断ができる」

野菜や鶏むね肉は
安いときに買って冷凍保存

「使い回しやすい食材は底値をチェックして、安いときにまとめ買いするのが一番」「野菜は旬のものをねらうと安く買える」

よく寝てストレスをためず
健康体でいること!

「病気になると医療費がかかるので、規則正しい生活をして健康でいることが大切」「我慢して体を壊したら意味がない」

スーパーは夜に行き値引きをねらう

「仕事終わりにスーパーに寄ると、ちょうど値引きシールがはられるタイミング。肉などのなま物は、夜に買いにいくとお得」

お風呂の水を再利用

「1回しか入らないのにもったいないから、掃除に使用」「追いだきで3回入る。3回目は入浴剤を入れれば、気にならない」

クレジットカード、電子マネーとのつきあい方

新しい生活様式になり、キャッシュレス決済が浸透。今やクレジットカードや電子マネーは生活必需品に。

（クレジットカード）

初めてのクレジットカード選び方のポイント

POINT 3 優待や特典の充実

カードを提示すると割引がある、特定のショップでポイントが倍になる、マイルがたまるなど活用しやすい特典を重視。

POINT 1 ポイント還元率

支払額に対して戻ってくるポイントの割合を示す「還元率」。1％以上が高還元率になる。

POINT 4 ポイントの使いやすさ

ポイント還元率だけでなく、使いやすさにも注目を。商品と交換ではなく、1ポイント＝1円として支払いに使えるカードを選びたい。

POINT 2 年会費が無料

初年度は無料でも2年目から年会費がかかる場合があるので、契約前に条件を確認。学生向けカードは無料のことが多い。

利用するうえでの注意点

キャッシングには手を出さない

クレジットカードには現金を引き出せる「キャッシング利用枠」がある。これは借金と同じことと思っておこう。

分割やリボ払いは使わない

リボ払いは毎月の支払額が一定になるが、金利手数料が高いのでやめよう。3回以上の分割払いも手数料がかかる。

暗証番号を盗まれないように

悪用されないように、暗証番号を入力するときは周囲を確認。ネットショッピングでもカード情報の管理を徹底して。

利用金額を把握すること

現金がなくても高額な商品が買えてしまうので、使いすぎやすい。利用金額を把握して計画的に使うこと。

（ 電子マネー ）

主な電子マネーの種類

流通系

スーパーやコンビニなど流通系会社が発行するもの。利用できる店舗が多少限られるが、割引やポイント上乗せサービスを利用できるメリットも。プリペイド式が多い。

- ☑ nanaco
- ☑ 楽天Edy
- ☐ WAON

交通系

ポピュラーで使いやすいのがSuicaやICOCAなどの交通系ICカード。交通機関だけでなく自動販売機、コンビニ、スーパーなど使用できる範囲が広がっている。

- ☐ Suica
- ☑ ICOCA
- ☐ PASMO
- ☑ PiTaPa

QRコード
（スマホ決済）

スマホ画面に表示されるバーコードを読みとり、チャージしたお金かクレジットカードから利用金額が支払われる。現金でのチャージがおすすめ。割り勘や送金できるサービスもある。

- ☑ PayPay
- ☑ d払い
- ☑ LINE pay
- ☑ 楽天Pay

クレカ系

専用端末にカードをタッチするだけで支払いが完了する電子マネー。カード型とスマホ型があり、クレジットカードやデビットカードにひもづけて使用。クレカでも暗証番号を入れずに使えるのでスピーディー。

- ☑ iD
- ☑ QUICPay

電子マネーのメリット

- 支払いが スピーディー
- 審査なしで 使える
- ポイントが たまる

現金のやりとりがないので、感染症対策としてもお役立ち。手軽で利用金額が目に見えないため、使いすぎないよう支出をしっかりと管理しよう。

支払い方法は3パターン

プリペイド式
事前にお金をチャージしておく方式。チャージ金額までしか利用できないので使いすぎが防げる。

ポストペイ
あと払いで、クレジットカードとひもづけするタイプ。利用額を把握しておかないと大変なことに。

デビット
即時払いのことで、利用するとすぐに銀行口座から引き落とされる。預金残高の範囲内で使える。

もしものときのために 損害・医療保険に加入

若いから大丈夫と思っても、いつ大病をするかわからない。社会人なら医療保険の加入を検討しましょう。

ひとり暮らしで加入するなら この2つ

学生の場合は、医療保険に入るかは親と相談をしましょう。
生活費の負担にならないよう、プランもよく検討して加入を。

（ 医療保険 ）

病気やケガによる入院、手術、通院などにかかる医療費をカバーする保険。まずは入院1日あたり5,000円、最大60日間保障されるものから選びたい。

（ 損害保険 ）

自然災害やケガ、盗難など偶然のリスクによって生じた損害をカバーする保険。火災、旅行、自動車、個人賠償責任保険などがある。

> 火災保険は
> 賃貸契約時に
> 入るのが基本

健康保険と医療保険は別物です

医療費の一部を負担してくれるのが「健康保険」と呼ばれる公的医療保険。日本ではすべての人が加入することになっているもの。

状況によって加入したいもの

フリーランスなら

就業不能保険

個人事業主は、病気やケガをして長期収入が得られない場合の備えが必要。60日以上働けない期間が続くと保障される。

車、バイクに乗る

自賠責や自動車保険

自動車やバイクに乗るには自賠責保険に加入することが義務づけられている。対人のみの補償なので、任意で自動車保険にも加入を。

将来に向けてコツコツ貯金を

貯金をするには目的が大切

「貯金はあったほうがいいから」となんとなくするのではなく、使いみちを明確にすること。目標があれば誘惑にも負けないはず。

近い目標のため

海外旅行、ブランドバッグや時計の購入資金など、楽しみのための貯金。留学や資格をとるためのステップアップ貯金も大切。

遠い将来のため

社会人なら、結婚資金やマイホームのため、老後を見据えてと将来を考えた貯金を。あわててためるのではなく、コツコツが大事。

余ったら、ではなく先取りに!

目安は収入の約1割

PART 6 お金の管理術

銀行で自動積立定期預金を
自動積立定期預金は毎月定額を普通預金口座から自動的に貯蓄するもの。給料日に積立できるように設定を。

会社員なら給料天引きにする
会社を通してお金を預ける「財形貯蓄」なら、給料から自動的に引かれるので意志が弱くてもたまっていく。

給料 → 貯金 / 使えるお金

日々のコツコツ貯金も有効
「財布にある100円以下の小銭を貯金」「ごはんをおごってもらったら食べたつもり貯金に」

ひとり暮らしでは貯金ができないというのは、言いわけ。最初からあきらめずにためグセをつけ、将来に備えて。

お金にまつわるトラブル解決法

お金がなく家賃が払えない

>> 場合によっては強制退去に。すぐ相談を

払えないときにとるべき行動

3 | 公的制度を利用する

失業や減収で、どうしても支払いができないときは迷わずに役所に相談をすること。生活が困窮している人向けに「総合支援資金」という制度がある。

滞納をするリスク
- ■ 契約解除で退去
- ■ 賠償請求
- ■ 信用を失い次の部屋が決まらない

1 | 大家、管理会社に相談、報告

滞納の前例をつくると、信用を失い次から入居審査が通らなくなるおそれが。払えそうもないとわかった時点ですぐに事情を説明し、誠意を見せることが大切。

2 | 連帯保証人に相談する

延滞や滞納が続くと連帯保証人に連絡が行く。その前にみずから連絡し支払いのサポートを相談したい。保証会社を利用している場合は、かわりに弁済してくれる。

光熱費を払い忘れた

>> 延滞利息も発生するので引き落としにしよう

支払いを忘れると督促状が届くので、すぐに支払いを。うっかり忘れないように口座振替やクレジットカード払いにしておこう。遅れると延滞利息がつく。供給が停止されないよう注意。

お金がないときは公的支援を受けて！

延滞による供給停止時期の目安

ガス	検診日の翌日から50〜70日
電気	検診日の翌日から50〜70日
水道	本来の納付期限から2カ月〜半年

お金の貸し借り、詐欺など金銭問題はシビアに対応。甘い言葉にだまされないよう、気を引き締めましょう。

振り込め詐欺にあった

>> 被害に気づいたら 振込先銀行に連絡を

警察への被害届とあわせて、お金を振り込んだ口座がある金融機関に連絡をする。「振り込め詐欺救済法」により、全額ではないが被害額が戻ってくる場合がある。詐欺にあう前に、おかしいなと思ったら警察へ相談を。

架空請求が届いた！

>> 身に覚えがないものは 徹底的に無視が一番

「支払わないと法的処置をとります」など、おどし文句が書かれているメールや請求書が届いても対応する必要はなし。記入されている電話番号やメールアドレスにも連絡をしないこと。不安なときは消費生活センターに相談。

友人から借金の 連帯保証人を頼まれた

>> 断る勇気を持って！

連帯保証人は、お金を借りた本人が返済できない場合、かわりに返済しなければいけない責任が重い立場。「迷惑をかけないから」と懇願されてもきっぱりと断ること。言いにくければ自分も借金があるとウソをついて断る。

高額商品やエステを 契約してしまった

>> 8日以内に クーリングオフの申請を

契約するつもりがなかったのに強引に契約させられた、契約書に小さい文字で別の条件が書かれていて料金が別途に発生した、といったトラブルも多い。契約から8日以内ならクーリングオフで解除できる。

ゲームの課金を しすぎて払えない…

>> 親に返済方法を相談。 繰り返さない対策を

初めてなら、親にお金を借りてまずは返済を。繰り返さないように支払上限金額を設定する、クレジット決済をやめるなど課金をしすぎない対策を。ギャンブルと同じなので借金がかさんでも債務整理しにくいので注意。

口約束で貸した お金が返ってこない

>> 話し合いで解決しない ときは法的手段を

友人の場合、強く「返して」と言いにくいけれど、まずはきちんと話し合いを。何度催促しても返済がない場合は、法的手段を。ただし、借用書など貸し借りの証拠が必要。親しい仲でも必ず借用書を作っておこう。

知っておきたい

税金・社会保険料のこと

見落としがちなのが税金。社会人の場合は給料から支払われますが、
学生の場合は自分で支払うものもあるので確認を。

■払うべき税金・社会保険料

	社会保険料	税金	
学生	国民年金保険料 ※2	所得税 住民税 ※1	個人で支払い
会社員	健康保険料 介護保険料 厚生年金保険料 雇用保険料	所得税 住民税	給料から自動的に支払い

※2

**経済的に苦しいときは
国民年金の
猶予制度を利用**

20才になると国民年金の加入者になり、お知らせが届く。経済的に納付がむずかしい場合、「学生納付特例制度」や「免除・納付猶予制度」があるので、未納のままにせず相談したい。

※1

**年収が100万円を
超えると税金が
かかる場合が**

アルバイトの年収が103万円を超えると、親が扶養控除を受けられなくなり、税負担が重くなる。また、100万円前後（自治体による）から住民税がかかり、130万円を超えると社会保険料の支払いが発生して手取りが減るので注意。

PART 7

防犯・防災・トラブル

身の回りにはたくさんの危険が潜んでいます。

「自分の身は自分で守る」意識を持ちましょう。

自然災害への備えについても忘れずに！

防犯のために家の周辺を見直す

駅から家までの経路に死角はないか

CHECK
1

STATION

コンビニ

交番

工事中

MY ROOM

公園

街の状況は変化するもの。工事している場所は不審者が隠れやすいので気をつけたい。毎日、同じ道を使わずに何通りかの帰路を使うのも、不審者回避につながる。

CHECK POINT

- ☑ 街灯は十分か
- ☐ 夜の人通り
- ☑ 交番はあるか
- ☑ 人が隠れられる場所はないか
- ☐ 夜間でも営業している店があるか
- ☑ 壁に落書きがないか
- ☑ 道路にゴミが捨てられていないか

街の治安状況や周辺環境を定期的にチェック

地域のコミュニティや管理状況も確認を。壁の落書き、植え込みや道路にタバコの吸い殻、缶などのゴミが放置されていると、その街の治安維持に地域住民が関心をもっていない可能性があり、犯罪が起きやすい環境ともいえる。

物件選びのさい厳しくチェックしていても、油断は禁物。住み始めてからも周辺環境を再度確認を。

CHECK 2

昼間と夜
時間を変えて
自分の部屋を見てみる

内見時にも確認しておきたいことの一つ。住み始めたら、時間帯、角度を変えてこまかく確認。照明の有無によっても見え方が異なるのでパターンを変えてチェックしよう。隣人の暮らし方や車の往来状況、夜の雰囲気など安全面に不安はないかもチェックを。

ポストやゴミ置き場など
共用スペースが
荒れていないかを確認

集合住宅の場合、住人の入れかわりがあるので共用スペースの状況もチェック。ポストに郵便物があふれていたり、怪しいマークを発見したら管理会社に連絡を入れておこう。

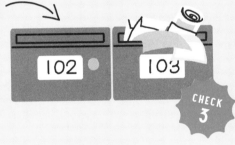

CHECK 3

CHECK 4

居住地域の犯罪状況を
警察のHPなどで
調べよう

警察署のホームページでは犯罪の発生状況が確認できる。近隣で起きたひったくりやあき巣、詐欺などを定期的にチェックしよう。また、交通事故が起こりやすい場所も確認できる。

でできること

家の中だから安心と油断せずに、細心の注意を払いましょう。
戸締まりはしっかりと、すぐにドアをあけないなど基本を守って。

5 来訪者は必ず確認する

呼び鈴が鳴ってもすぐドアをあけるのは絶対にやめよう。インターホンで話をして直接顔を合わせないこと。宅配便の受けとりなどもドアチェーンをしたまま対応を。

ピンポーン

通話/終了

1 二重ロックなどカギの強化

玄関や窓に補助ロックをつけることで、あき巣の抑止に。窓には防犯ブザーもあわせて設置を。とりつけの前に管理会社に了承を得て。

2 不在時でも照明をつける

留守ということを悟られないようタイマーで設定をしたり、玄関は小さい照明をつけておく習慣を。旅行や帰省で長期不在にするときもつけておいて。

3 家に入るときに周囲を見渡す

オートロックでも一緒に入ってこられるので、不審者がいないか後ろにも気を配って。家の玄関に入るときも周囲を見てサッと入る。

4 ドアスコープに目隠しをする

部屋の中から外をのぞくためのものだが、特殊な道具があれば外から部屋の様子が見える。カバーをしておくと安心。

まだまだできる防犯対策

☑ 窓に防犯フィルムをはる
☑ 遮像・ミラーカーテンにする
☑ オートロックでも油断しない
☑ 盗聴器がないか定期的に確認
☑ 部屋や窓からの景色をSNSにアップしない

防犯対策においてやりすぎということはありません。何が起こるかわからない時代。念には念を入れて対策を！

148

街 でできること

ひったくりや不審者、痴漢など街にも危険がいっぱい。
夜だけでなく、昼間でも危険なことがあるので油断は禁物です。

4 防犯ブザーや アプリを準備

とっさのときは大きな声が出ないもの。人通りがとだえたら、防犯ブザーやスマホの防犯アプリがすぐに使えるように手に持って歩くこと。

1 音楽を聴きながら スマホを見ながら 歩かない

周囲の気配がわからなくなるので、イヤホンをしながら歩くのは危険。歩きスマホは事故のもとでもあるので、絶対にしないこと。

2 夜はできるだけ 明るい道を選ぶ

遠回りをしてでも、街灯が多い、人通りがある道を選んで。どうしても暗い道を歩く必要のあるときは、スマホのライトを利用しよう。

3 夜道や人通りの 少ない場所では ときどき振り返る

つけてくる人の確認と警戒している様子を示すために、ちらちら振り返って。昼間でも人通りが少ない場所では実践を。

5 車道側に バッグを持たない

ひったくりの犯行手段の多くはバイク利用。バッグをとられないように車道とは反対側にかかえて。自転車のかごにもカバーを。

怪しい人がついて きたらコンビニなどに 一時避難を

不審者がついてきていたら、近くのお店に入って事情を説明して。また、数人で歩いている人の中に入っていくのも手。

もしもあき巣被害にあったら…

万が一のときあわてないよう、あき巣にあったときの行動を予習。

1 | 犯人が隠れている可能性があるので、外に出て110番通報

帰宅したら部屋がいつもと違う、閉めたはずの窓があいていると不審に思ったら、泥棒がまだいるかも。外に出てドアを閉めて電話を。

2 | 管理会社や大家さんに連絡する

警察へ通報したら、次は管理会社や大家さんに連絡を入れること。カギや窓が壊されていたら修理や交換の手配をしてもらって。

3 | 隣人にも声をかける

近くに犯人がいる可能性もあるので、隣人に注意喚起を。また、警察が来るまで一緒にいてもらうと安心。

4 | 部屋じゅうの写真を撮る

警察が来るまでの間にできるだけ写真を撮っておくといい。すぐには冷静に判断ができないので、あとで見返して盗まれたものを確認。

5 | 盗まれたものによって銀行やカード会社に連絡

キャッシュカードやクレジットカードは使用を止める連絡を。実印は役所に紛失届を、免許証やパスポートは管轄機関で再発行の手続きが必要。

あき巣は繰り返されるので引っ越しを検討して

一度目をつけられると、くり返しねらわれる可能性が高い。安全を考えて引っ越しを検討するのがいいでしょう。損害を保障してくれる盗難保険に入っておくと安心。

注意！

警察官が来るまで部屋のものに手をふれないこと

写真を撮るときは、現状をキープして物にふれないこと。犯人の指紋や靴跡が消えないように注意しよう。

3

カギ、財布をなくしたときの対処法

落とし物で多いのが、カギと財布。どちらもなくすと大ごとになるので、日ごろからきちんと管理を。

カギ をなくしたら…

夜 専門業者にカギをあけてもらう

24時間対応の管理会社ではない場合は、業者に依頼を。解錠費用は5,000〜15,000円程度。翌朝、すぐに管理会社に連絡を入れて。

昼 管理会社や大家に連絡

管理会社に連絡をしてあけてもらうのがいちばん早い。なくしたカギを悪用されないために、警察への連絡とカギの交換が必要になる。

注意！
シリンダーごとカギを交換する場合も

カギ穴ごと交換し、費用は紛失した借り主持ちに。オートロックの場合、全戸のカギ交換が必要になり費用が高額になる可能性も。

昼 **夜** 警察に遺失届を出す

犯罪などに使われる可能性もあるので、速やかに最寄りの交番や警察に遺失届を出す。落とした可能性がある施設にも連絡してみよう。

財布 をなくしたら…

気づいた時点で警察に連絡

近くの交番や警察署に遺失届を出す。あわせて立ち寄った施設にも落とし物として届いていないか問い合わせをしておこう。

交通系ICカードをなくしたら駅窓口へ

記名式や定期券の場合は利用停止ができ、翌日以降に再発行でき残額も保証してくれる。再発行後に発見した場合は、窓口に持っていく。

注意！

カードが悪用されないようすぐに連絡して利用停止に

簡単に悪用されてしまうので、スピードが命。スマホや手帳に連絡先をメモしておくと安心。

での勧誘に注意！

こんな手口に注意

- ☑ アンケート
- ☑ 署名活動
- ☑ スカウト
- ☑ 無料の体験会
- ☑ 無料の手相や占い

「アンケートに答えるだけ」「無料だから」と声をかけられても、ついていかないこと。最終的に高額な物品やサービス契約を売りつけられる恐れが。立ち止まらないのが肝心。

でも警戒心を持って

交友関係が広くなればなるほど、中には怪しい人も。同僚やクラスメート、サークル仲間でもお金や宗教がらみの話が出たら要注意。好奇心から誘いに乗らないこと。

こんな誘いに注意

- ☑ 保証人の依頼
- ☑ サークルの勧誘
- ☑ セミナーの勧誘
- ☑ 宗教の勧誘
- ☑ 危険ドラッグの誘い

名前を1文字抜いたり部屋番号を書かない工夫を

個人情報を気軽にすべて渡さないこと

クレジットカードや銀行、役所関連以外は、登録時に名前を1文字抜く、漢字を変えるなど個人情報を正確に記入しないことも防衛策に。店の予約の際も名前を変えて。

身に覚えのない荷物は絶対に受けとらない

商品を勝手に送りつけて、代金を請求する犯罪も。送り主不明の荷物は配送業者に「受けとり拒否」を。受けとっても14日間経過したら処分しても問題なし。

消費者トラブルは
「消費者ホットライン」の **188** へ
または
「国民生活センター」
http://www.kokusen.go.jp/

勧誘、詐欺、ネットトラブル対策

自由に生活できる反面、判断力が必要になるひとり暮らし。トラブルにあわないための知識も必要。

便利だからこそ慎重に！ ネットトラブル

匿名性があるからこそ
ウソには気をつけよう

顔も名前もわからない世界なので、情報をすぐ信用しないこと。マッチングアプリなどで知り合った人にも詐欺師がまぎれ込んでいる可能性が。メールで送られてきたURLは気軽にクリックしないで。

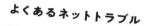

よくあるネットトラブル

- ☑ 偽サイト・メール・警告
- ☑ ワンクリック詐欺
- ☑ 出会い系アプリでの詐欺
- ☑ オークション詐欺
- ☑ オンラインサロン詐欺
- ☑ フェイクニュース

SNSはここに注意

- ☑ 個人情報流出
- ☑ 誹謗中傷
- ☑ 著作権、肖像権の侵害
- ☑ ストーカー
- ☑ 炎上

SNSがもとで事件や
裁判に発展することも

なにげなく書き込んだ言葉が誰かを傷つけることがあるので、投稿前によく考えて。アニメキャラクターや、映画・ドラマの映像を勝手に使用することが罪に問われる可能性もあるので、取り扱いに注意。

そのスマホ画面見られています！
個人情報管理はしっかりと

のぞき見防止フィルムをはっていても、角度によってはスマホ画面はまる見え。電車やバスでは窓ガラスに映ることもある。SNSでもうかつに情報を公開しないで。

個人情報の流出に注意

- ☑ 位置情報はオフに
- ☑ 今いる場所がわかる投稿は×
- ☑ 家の窓からの風景や外観がわかる写真はアップしない

ネットトラブルは都道府県
警察本部のサイバー犯罪相談窓口へ
http://www.npa.go.jp/
cyber/soudan.htm

トラブルを防ぐご近所づきあい

トラブルを起こさないよう日々できること

1 大きな音を出さない

テレビや音楽のボリュームを上げすぎない、友だちを呼んだときに大声で騒がないなどの配慮を。2階以上の人は足音が響くので注意。

意外と響くこんな音
- ☑ ドアや窓の開閉
- ☑ 夜の洗濯機の振動
- ☑ イスや家具を動かす音
- ☑ 掃除機
- ☑ 廊下での話し声

4 隣人に会ったらあいさつを

住人に会ったら会釈だけでもあいさつを。ふだんからコミュニケーションをとっていれば、災害時などに助け合いがしやすくなる。

2 ゴミ出しのルールを守る

自分だけなら大丈夫という気持ちはNG。集合住宅内だけでなく、ゴミを収集する人にも迷惑をかける。分別法や収集日は守って。

3 共用スペースを汚さない

玄関前の廊下でもそこは共用部分。私物やゴミを置かないこと。ポストや宅配ボックス、自転車置き場は公共の場所という意識を持つ。

騒音がもとで大きな事件に発展する時代。周囲への気づかいを忘れないことが、気持ちよく暮らすコツ。

こんなこともトラブルのもとに!

ささいなことでトラブルになりやすいので、まずは自分が
そのタネをつくらないようにルール、マナーを守りましょう。

ベランダでの喫煙

周りに煙やニオイが流れて迷惑。また、ベランダは共用部分になり、喫煙禁止の場合も。

ベランダに放置したゴミ

特に夏場は出し忘れたゴミを置きっぱなしにすると悪臭や虫がわく原因に。ため込まないこと。

ペットのニオイや鳴き声

ペット可の物件でも排泄物のニオイや鳴き声には気をつけて。もちろん禁止なら飼わない。

自転車やバイクの音

早朝や夜は音が響くので、自転車の出し入れやバイクのエンジン音も騒音になる。

洗濯物が飛んできたらどうする?

管理人に渡すか共用部分に置く

隣人のものとわかれば、届けてあげるのが親切。どの部屋かわからないときは、管理人に届けるか、「落とし物」とメモをはってエントランスに置くのも手。

苦情は直接ではなく管理会社や大家を通して伝えて

騒音は離れた場所からも聞こえてくることがあるので、いきなり隣の人に言うのではなく管理会社に連絡を入れましょう。どんな音が何時ごろ聞こえるのか詳細を伝えて。

苦情を受けた場合も直接謝りにいかないこと

もめ事になる可能性もあるので、常に管理会社を通して連絡をしよう。

水もれや壁の傷… 住まいの困った！を解決

日々の暮らしで困るのが水のトラブルや、部屋の傷、家電の故障。応急処置をしたら専門家にまかせましょう。

困ったNo.1
トイレのトラブル

まずはタンクの仕組みを知っておこう

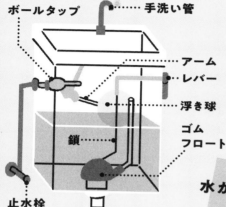

- ボールタップ
- 手洗い管
- アーム
- レバー
- 浮き球
- ゴムフロート
- 鎖
- 止水栓

「トイレの水が突然あふれてきた」「水道料金が高いと思ったらトイレの水が漏れていた」という声が多く聞かれる。仕組みを知っていると自分で直せる場合が多いので、頭に入れておいて。

水が流れない！

応急処置

バケツなどで水をくみ、便器に流し込む

ココを確認

- ☑ 止水栓が閉まっていないか
- ☑ 浮き球がどこかにひっかかっていないか
- レバーとフロートをつなぐ鎖が傷んでいないか
- ボールタップの動きが悪くないか

水が止まらない！

応急処置

止水栓を閉める

ココを確認

- ☑ ゴムフロートに何かはさまっていないか
- ☑ ゴムフロートは劣化していないか
- 浮き球がはずれていないか
- ボールタップのパッキンが摩耗していないか

トイレが詰まった！

ラバーカップを使って引き上げる

ホームセンターなどでラバーカップを入手。ゆっくり押してすばやく引くことを繰り返すと詰まりが解消し、排水できる。

壁に穴をあけてしまったら…

画びょうなどの小さな穴なら補修グッズでOK

画びょうやピンによる小さな穴の修繕費を払う必要は基本的になし。穴が目立つものは、専用のパテで埋めておくと安心。

床に傷をつけてしまったら…

小さなひっかき傷なら市販の補修グッズを使って

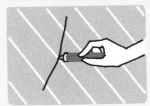

ホームセンターなどで手に入る床用パテで傷を埋めるのも一つの手。傷をつけないためにはラグや傷防止シートを活用するといい。

大きな傷や穴、壁紙のめくれは管理会社や大家にまずは連絡を!

賃貸契約では原則として入居者の判断で修繕はできない。自己判断せずに、相談をして。

ガスが使えない

>> 元栓が閉まっていないか確認を

第1にチェックするのは元栓。次にマイコンメーターのランプ。赤く点滅していたら、説明書に沿って復旧させる。

エアコンが壊れた

>> 管理会社や大家に連絡をする

エアコンが設備としてついている場合、管理会社を通じて修理の手配をする。自分で修理の手配をしないこと。

困った!あれこれ対処法

上の階からの水漏れ

>> ぬれた箇所の写真を撮っておく

すぐに管理会社に報告。水をふく前に被害にあった場所を写真に撮って証拠を残す。

窓が割れた

>> 段ボールをはりつけ応急処置

ケガをしないように破片を集め、段ボールや紙袋に入れる。管理会社に連絡をして修理、交換の手配をしてもらう。

浴室の排水口が詰まった

>> 自分で業者を呼ばないこと

ゴミをとり除いたり、ラバーカップを使っても詰まりが解消されなければ、管理会社に連絡をして対応を相談する。

ゴキブリ、ダニ…
害虫の対処法

ゴキブリ

すみかにならない部屋にしよう

POINT
3 湿けをためない

暗くジメジメした場所を好むので、湿け対策が必須。台所や浴室の水けはまめにふきとっておこう。換気も忘れずに行って。

POINT
1 段ボールはすぐに捨てる

ゴキブリにとって段ボールは居心地のいい場所。繁殖しやすい条件がそろっているので、保管せずにすぐに捨てるのが得策。

POINT
4 駆除剤を置く

置き型の駆除剤や粘着シートを冷蔵庫下などに置いておこう。くん煙剤をたいて部屋の隅々まで防御するのもあり。

POINT
2 生ゴミをためない

なんでもエサにするゴキブリだけど、食べこぼしや生ゴミは大好物。生ゴミはそのままにせず、袋に入れて口を縛っておくこと。

遭遇したら殺虫剤で一撃を!

殺虫剤をかけたら紙に包んで捨てる

生命力が強いので、掃除機で吸ってもはい出てくる可能性がある。殺虫剤などで退治したら、チラシなどに包みゴミ袋へ入れて捨てる。

キッチンなら洗剤でもOK

殺虫剤がなくても食器用洗剤や住居用洗剤、シャンプーをかけるのも有効。呼吸ができなくなったところに熱湯をかければ完璧。

卵を見つけたら除去し除菌スプレーで消毒を

茶色っぽい小豆のような形をしているのが卵。ゴム手袋をしてビニール袋に入れてたたきつぶす。卵のあった場所は消毒をして清潔に。

ダニ

布団をこまめに干し
湿けをためないこと

ダニは高温多湿を好むので、布団内にたまった湿けをとるのが大切。天気のいい日に干すこと、風を当てて乾燥させることが必須。

ホコリは虫のすみかに!
掃除もまめに行って

フケや髪の毛、ホコリがダニのエサになる。布団だけでなくソファやカーテンなど部屋全体にひそんでいるので掃除を欠かさないで。

クモ

掃除機で吸いとるか
殺虫剤で駆除を

毒グモもいるが、室内に侵入する小さなクモは人間に害を及ぼすものは少ないのであわてずに処理を。チラシなどでつまんで撃退しても。

米にわく虫

密閉容器に移しかえ
冷蔵庫で保存する

米に発生する虫は気温が20℃以上になると活発に動きだすので、涼しい場所に保管すること。市販の虫よけを容器に入れるのも有効。

コバエ

水回りを清潔に保ち
生ゴミを放置しない

小さなハエの仲間を総称してコバエと呼ぶ。好む場所も異なるが、水回りを清潔にするのが一番。アルコール除菌スプレーで退治。

こんなところに注意

- ☐ 常温保存の野菜、果物
- ☑ 生ゴミ
- ☐ 排水口
- ☐ 観葉植物

病気やケガへの備えはふだんから

ひとりの心細さを実感するのが、
体調をくずしたとき。
健康管理もひとり暮らしには
欠かせないスキルです。

健康診断を定期的に受ける

会社や学校、自治体の健康診断は面倒がらずに受けて。健康だと思っていても病気がひそんでいるおそれも。がん検診も別途受けると◎。

バランスのとれた食事、適度な運動、睡眠が大事

自由に過ごせるからといって、暴飲暴食、夜ふかしを続けていると体調不良に。生活リズムを整え、食事、運動、睡眠を大切にしよう。

保険証やお薬手帳は常に携帯しておく

保険証を携帯していないと、病院で治療費をいったん全額払わなければいけないので（申請後払い戻しされる）、常に携帯を。薬歴を記録するお薬手帳は電子版が便利。

近所の病院や夜間診療の状況を把握しておく

具合が悪くなってから病院を探すのは大変。引っ越したら近所の病院をチェック。休日や夜間でもみてもらえる病院も探して、連絡先をP175にメモしておこう。

既往歴をまとめておく

これまでにかかったことのある病気、薬の副作用や食のアレルギー、ケガや交通事故などを親に聞いて、メモをしておこう。

予防接種・感染症対策を

インフルエンザにかかると高熱が出て、ひとりではつらいもの。流行する前に予防接種を受けておくと安心。感染症対策もマスト。

○○病院

備えておきたい　救急箱

せきや鼻水、頭痛、切り傷などに対応できるよう、
常備薬があると安心。災害時にも役立ちます。

入れておきたいものリスト

- ☑ 総合感冒薬（かぜ薬）
- ☑ 解熱・鎮痛剤
- ☑ 胃腸薬
- ☑ 絆創膏
- ☑ 包帯
- ☑ ピンセット
- ☑ 冷却シート
- ☑ 目薬
- ☑ 体温計
- ☑ 消毒液
- ☑ ガーゼ
- ☑ 湿布薬
- ☑ 医療用テープ
- ☑ マスク

寝込んだとき用の非常食も常備

- ☑ ゼリー飲料
- ☑ レトルト食品（おかゆやスープ）
- ☑ スポーツドリンク

激痛、呼吸困難など急激な体調の悪化時には「119」で救急車を呼んで

経験したことのない激痛、息苦しさ、39度以上の高熱、大ケガのときは我慢をせずに救急車を呼んで。意識を失う前に親族や友人にも連絡をしておこう。

■電話で伝えること
1. 「救急」であること
2. 症状
3. 住所、氏名、年齢

意識があるうちに
玄関のカギをあけておこう

救急か迷うときは
救急相談センター
「#7119」へ

だるい、熱があるときは無理せず早めに病院へ

市販薬を飲んでも改善されないときは、会社や学校は休んで病院へ。我慢をすると悪化して回復が遅くなることに。

食欲がないときでも水分だけはとろう

脱水症状が起きないように水分補給だけは欠かさないこと。水、スポーツドリンク、ゼリータイプの栄養補助食品を常備しておこう。

病院を受診するときのポイント

医師に症状をスムーズに伝えるためにメモをしておこう

医師を前にすると上手に伝えられないことも。事前に、いつから症状があらわれ、どんな状況かをメモしておくと◎。また、ふだんから体調日記をつけておくと原因に気づきやすい。

メモしておくこと
- ☑ 症状を具体的に
- ☑ いつから
- ☑ どこが
- ☑ 思い当たる原因はあるか

病院に行く前にできる応急処置

やけど
流水で15分以上冷やして清潔な布を当てる

衣服の上からでもいいので、水道水を患部より少し上から当てて冷やす。水疱をつぶさないよう清潔なガーゼを当てる。

打撲
患部を動かさず冷やしてテーピング

患部の炎症を抑えるために氷や保冷剤で冷やす。伸縮性のあるテープを巻きつけ固定し、心臓より高く上げて安静にする。

切り傷
汚れているときは流水で洗いガーゼで押さえて止血

傷口を水で洗い、異物をとり除く。血が止まらないときはガーゼで押さえて止血。軽い傷なら消毒をして絆創膏をはる。

■受診科に悩んだら参考に
※病院の窓口で相談もできる。

診療科	主な症状
内科	かぜ、せき、腹痛、吐きけ、胸の痛み、めまい、疲れやすい
耳鼻咽喉科	のどの痛み、鼻水、くしゃみ、花粉症、鼻血、耳鳴り
整形外科	骨折、打撲、捻挫、突き指、腰痛、肩こり
皮膚科	やけど、吹き出物、手荒れ、じんましん、あざ
婦人科	生理痛、月経不順、おりもの
泌尿器科	膀胱炎、頻尿

感染症対策にも手を抜かない

新型コロナウイルスやインフルエンザなど感染症に対する予防は
気をゆるめずに徹底的に行いましょう。

基本対策を怠らないこと

こまめに手を洗う、消毒する

ウイルスがついた手で口や鼻、目の粘膜に
ふれると感染が起こる。せっけんを使って
指先、指の間や手首までしっかりと洗おう。

接触確認アプリ「COCOA」を
インストールしておこう

プライバシーを守りつつ、陽性者と接触し
た可能性について通知を受けられるアプリ。
通知を受けると受診案内があるので便利。

※2021年1月現在の情報です。

マスクを正しく着用する

感染しない、させないためには人が集まる
場所、会話をするシーンではマスクを着用。
鼻からあごまでをおおうのが正しいつけ方。

換気をする

密集を避けるのが前提だが、室内で人と集
まらなければならないときは、こまめな換
気を。1時間に1回は窓やドアをあけて。

発熱、せきなど「もしかして」
と思ったら相談を

37.5℃以上の熱が数日続く、せきや息苦し
さがある、強い倦怠感があるといったとき
はかかりつけ医や相談窓口に連絡をしよう。

こんなシーンは要注意！
- ☐ 大勢が集まるイベント
- ☐ 飲食を伴う集まり
- ☐ 近距離でのマスクなし会話
- ☐ 狭い空間での共同生活

**新型コロナウイルスに関する
相談は、各都道府県の
「発熱相談センター」へ**

自転車も車両の一種です

交通ルールを守って安全運転を

近年、増えているのが自転車と歩行者との接触事故。
打ちどころが悪いと死に至ることも。手軽な乗り物と思わず慎重に！

**万が一の事故に備えて
自転車保険に加入しよう**

多発する自転車事故によって、自転車保険加入を義務化する自治体が増えている。罰則はないが、加入しておいて損はない。

**自転車を購入したら
防犯登録をしよう**

自転車の防犯登録は法律で義務とされているので、必ず行うこと。ネットで購入したり、知人から譲り受けたら防犯登録所で手続きを。

守りたい自転車の交通ルール

- ☑ **スマホ操作や
  音楽を聴きながらの
  運転は危険行為**
- ☑ **歩道では
  歩行者優先**
- ☑ **夜間は
  ライトを点灯**

- ☑ **飲酒運転は
  絶対しない**
- ☑ **2人乗り、
  片手運転、
  並進は禁止**
- ☑ **車道を使い
  左側通行**

道路交通法で自転車は「軽車両」。違反をすると罰則が科せられる場合がある。車と同様に道路標識に従うようにしよう。

自転車、車で事故にあったときの対応

人生には〝まさか〟がつきもの。交通事故の被害者・加害者になる可能性があることを頭に入れておきましょう。

交通事故にあったら

被害者だけでなく、加害者になるかもしれません。
現場から逃げないこと、誠実な対応が求められます。

(加害者になった 場合)

人だけでなく建物などにぶつけてもすぐに車を止める義務がある。必要な救護を怠るとひき逃げとなり、厳罰を受けることに。現場の安全を確保したら警察に報告すること。その後、保険会社に連絡を。

1 すぐに車(自転車・バイク)を止めて状況確認

2 負傷者を救護・救急車を手配

3 二次災害が起きないよう危険防止措置をとる

4 警察へ連絡する

5 事故の相手や目撃者の連絡先をメモ

6 共済・保険会社に連絡

絶対にその場から逃げないこと!!

(被害者になった 場合)

意識があっても無理に動かず、警察や救護を呼んでもらい、到着を待とう。可能なら加害者の連絡先や、車のナンバーを控えて。その後、共済・保険会社に連絡を。

1 安全の確保・救急車や救護の手配

2 警察へ連絡(後日、交通事故証明書を申請)

3 加害者の連絡先や車を確認
☐ 運転免許証
☐ 連絡先
☐ 登録ナンバー
☐ 加入している保険会社

4 現場状況の確認と目撃者の確保

5 共済・保険会社に連絡

事故直後に加害者と直接示談交渉をしないで

心の健康を保つ ひとり時間の過ごし方

ひとりの自由時間で やりたいことの **リストを作ろう**

ひとり時間は今だけの特権と割り切り、やってみたいことにトライ。旅行やカフェめぐり、資格取得など書き出すだけでも楽しい気分に。

ひとりでさびしい **という感情は** **あたりまえと思って**

慣れない環境でのひとり暮らしは、誰もがさびしさや孤独感、ストレスをかかえるもの。隣の人も同じと思えば、少しは気がラクになる。

ひとり暮らしを無理なく続けるコツ

- ☐ 一つでもルーティンを決める
- ☐ ダラダラ過ごす日があってもいい
- ☐ 家族や友人と定期的に連絡をとる
- ☐ ひとりの楽しみを見つける

好きなことを好きな時間にしてもいいけれど、不規則な生活は心身の健康を害するもの。朝食は必ず食べるなど決まりごとはつくって。

心もかぜをひくもの

こんな不調が続いたら カウンセリングや病院へ

仕事でミスをしたり、友だちとギクシャクしたり、心にモヤモヤがたまってきたら要注意。ひとりで悩まず相談を。

物忘れが **激しい**

眠れない

食欲不振

無気力

動悸が **する**

起き **上がれない**

病院へ行くなら ≫ 心療内科
相談するなら ≫ 学校や会社のカウンセラー
HPや電話相談も
■こころの健康相談統一ダイヤル　0570-064-556
■いのちの電話　0120-783-556

初めてのひとり暮らしやリモート生活でさびしさを感じたら、かかえ込まずに発散する方法も見つけて。

ひとり時間を楽しむヒント

☑ **インテリアに凝る**
好きなものに囲まれて暮らせるのがひとりの醍醐味。居心地のいい空間をつくろう。

☑ **季節の行事をとり入れる**
花見や七夕、お月見、冬至など伝統的な行事を楽しむと生活にメリハリが出る。

☑ **アロマを楽しむ**
気分に合わせて香りを選ぶ。リラックスにはラベンダーやジャスミン、カモミールが◎。

☑ **快適なルームウエアを着る**
休日はパジャマのままではなく、着心地のいい部屋着に着がえると生活リズムが整う。

☑ **ラジオを聴く**
音がないとシーンとしてさびしいもの。会話や音楽が楽しめるラジオがおすすめ。

☑ **料理教室に通ってみる**
自炊の腕が上がり、友人もできるかも。外国の伝統料理などを学ぶのもおもしろい。

☑ **お風呂時間を充実させる**
入浴剤を日がわりにしたり、アロマキャンドルをたいたり、リラックスできる時間に。

☑ **徹底的に掃除する**
一つのことに没頭することで、さびしさを忘れられる。部屋もきれいになって晴れやか。

☑ **散歩をする**
テンポよく歩くことで幸せホルモン・セロトニンの分泌が促される。運動不足解消にも。

☑ **好きな映画を見る**
泣いたり笑ったり感情豊かになれる映画やドラマがおすすめ。気分がすっきりする。

自宅や会社、学校周辺の避難場所を確認

避難所 →

災害時に一時的に避難する「避難場所」や、自宅に戻れないときの「避難所」は把握しておく必要がある。万が一に備えて、経路を確認しておこう。学校や職場から徒歩で帰宅する経路もチェック。

災害時の行動を考えておこう

建物の耐震性や家具の固定状況、立地から災害時に建物の中にいて安全か、避難すべきかを考えておく。

地震、台風…自然災害への備え

いつどこで起こるかわからない自然災害。そのときを想定して準備をしておくことが必須。

地震に備え大きな家具は固定を

避難経路をふさがないよう家具を配置。テレビや家具は転倒防止グッズで固定。食器など割れ物も落ちてこないよう扉にストッパーをつける。

災害用伝言ダイヤル「171」の使い方を練習

災害発生時、音声を録音して安否を知らせる伝言サービス。毎月1日、15日、防災週間、正月三が日などに体験利用できるので練習を。

近隣の友人ともしものときの約束をしておく

近所に友人が住んでいるなら、災害時の集合場所を決めておくと安心。隣人とも顔見知りになっておくと災害時に助け合える。

ハザードマップで周辺を確認

災害時の被害予測をし、地図化したもの。水害ハザードマップに関しては、賃貸契約の際に不動産会社による説明が義務化されている。

非常時用の備蓄や持ち出し袋を用意

持ち出し袋には備蓄品を詰めていけばOK

非常用持ち出し袋の置き場がなければ、避難するときにリュックに備蓄品を入れれば問題なし。ポケットにおさまる小さな非常用グッズだけ常に入れておけば安心。

常に入れておくといいもの

- ☑ 簡易トイレ
- ☑ トイレットペーパー1巻
- ☑ 液体歯磨き
- ☑ ゴミ袋、レジャーシート
- ☑ 下着
- ☑ 生理用品
- ☑ マスク
- ☑ レインコート

枕元には懐中電灯や厚手の靴下を置いておこう

夜に停電しても安心なように懐中電灯やスマホを枕元に置いておく。大きな地震でガラスが割れ散乱すると危険なので、靴下やスリッパ、軍手の準備もしておこう。

枕元に置いておくもの

- ☐ 懐中電灯（ヘッドライト）
- ☐ スマホ
- ☐ 厚手の靴下やスリッパ
- ☐ 予備のメガネ
- ☐ 軍手

日ごろ使うものを2〜3個多く買っておく「日常備蓄」を心がける

特別にそろえるのではなく、日常的に使っているもの、食べているものを切らさないように買いおきすることが大切。食品以外にも紙類を多めに買っておこう。

備蓄品リスト例

- ☑ 好みの飲料
- ☑ お菓子、果物
- ☑ 加工食品（ハム、ちくわ、チーズなど）
- ☑ 乾麺
- ☐ パン
- ☑ 粉末タイプのスープ
- ☐ カセットコンロ、ボンベ
- ☑ トイレットペーパー
- ☐ 生理用品

外出時のバッグに入れておくと非常時に助かるもの

自然災害はいつ起こるかわからないので、常にお助けグッズを持ち歩こう。情報源を失わないようにスマホの充電器はマスト。歩きやすい折りたたみシューズも便利。

持ち歩きたいもの

- ☑ モバイルバッテリー
- ☑ 止血パッド
- ☑ 除菌シート
- ☑ 簡易トイレ
- ☑ 非常食（栄養補助食品）
- ☑ ゼリー飲料
- ☑ 折りたたみシューズ
- ☑ ホイッスル

自分が火元にならないために気をつけること

火事を起こさないための ポイント

日当たりのいい窓辺に ガラス製品を置かない

火のないところから出火する原因の上位にあがるのが、直射日光が当たる場所に置いたガラスや鏡。太陽光を集めて火が出ることも。

プラグの ホコリはこまめに掃除

プラグの差し込み口にホコリがたまり湿けを含むと、引火するおそれがある。コードを束ねたり、圧迫すると発熱して火事のもとに。

就寝前や外出時は 火の元を確認

ガスの元栓や暖房器具、アロマキャンドルなど火がついていないか念入りに確認すること。特に冬はストーブの消し忘れがないように。

火を使うときは そで口をまくる

長くゆったりしたそでで調理をすると、ガスコンロの火が燃え移ってしまう可能性が。コンロの奥に調味料を置くと危険性が高まるので注意。

引火しやすいものを
コンロ回りに
置かないで

消火器を 用意しておくこと

初期消火が延焼を防ぎ、命を守ることにつながる。噴射タイプの消火器や、扱いやすい投げるタイプの消火器具などを必ず用意して。

火事になるのを防ぐ行動

**鍋から炎が
上がったら
ぬれタオルをかける**

火が出たフライパンや鍋にいきなり
水をかけると、高温の油が飛び散り
危険。大きなタオルをぬらして手前
から一気におおう。油火災用の投げ
るタイプの消火用具を使うのも◎。

**コンセントの焦げに
気づいたら
ブレーカーを落とす**

プラグの差し込み口や、充電器
などから焦げくさいニオイがし
たら要注意。コンセントから火
花が出たらブレーカーを落とし、
電気を遮断して電気会社に連絡
を入れよう。

**ガスくさいと感じたら
窓をあけ
ガス会社に連絡**

部屋中の窓をあけ、ガスの元栓
を閉める。戸外にあるガスメー
ターの栓も閉めてからガス会社
に連絡。電気のスイッチをつけ
ると引火する可能性があるので
ふれないこと。

**火災警報器が
鳴ったら
火元を探す**

作動したら火元を探し、炎が
上がっていたら「火事だ〜」
と大きな声で周囲に知らせる。
火元が見つからず誤作動の場
合はひもを引くなどして止める。

火事 が起きたら

- ☑ 大きな声で近隣に伝える
- ☑ できるかぎり消火活動をする
- ☑ 煙が天井に達しそうならすぐに逃げる

火災は炎より煙に含まれる有毒ガスが恐ろしい
ので、煙が充満する前に急いで外に出ること。
ボヤであっても必ず消防に通報をしよう。

地震が起きたら あわてずに行動を

自宅 で揺れを感じたら

まず…
- ☑ 頭を守る
- ☑ 火を止める
- ☑ 出口を確保

強い揺れを感じたら布団をかぶるなど頭を守る。揺れがおさまってから、火を消し、玄関をあけ、火災や津波の危険がないか確認する。

> トイレにいたら…
> すぐにドアをあける

> 入浴中なら…
> すぐに浴室を出て
> バスタオルなどを
> 羽織る

駅 や 町 で揺れを感じたら

- ☑ バッグで頭を守る
- ☑ 落下物から離れる
- ☑ 揺れが
  おさまるまで待機

会社や学校なら机の下にもぐり、揺れがおさまるまで待機。繁華街や駅ではバッグで頭を守り、落下物から離れ身をかがめ、揺れがおさまるまで待つ。

**外にいるときは
無理に家に
帰ろうとしない**

交通機関がストップし、帰宅困難になったら近隣の安全な施設へ。会社や学校が安全なら、その場にとどまるほうがいい。

グラッと揺れたら、一呼吸おいて落ち着いて行動を。あわてないことが身の安全を守ることにつながります。

気象情報をしっかりと チェックしよう

警戒レベル	とるべき行動	気象庁からの情報
5	命を守るために 最善の行動をとる	大雨特別警報 氾濫発生情報
4	自治体からの 避難指示に従う	土砂災害警戒情報 氾濫危険情報 高潮警報　高潮特別警報など
3	避難準備を開始	大雨警報　洪水警報 氾濫警戒情報　高潮注意報 など
2	避難行動を 確認する	氾濫注意情報　大雨注意報 洪水注意報　高潮注意報など
1	災害への心構えを 高める	早期注意情報など

台風や風水害への備え

強風に備えて
雨戸を閉める

雨戸やシャッターがついている部屋なら、風で窓ガラスが割れないようにあらかじめ閉めておくこと。雨戸がなければ窓にレジャーシートや段ボールを養生テープではる。

浸水に備えて
高いところへ避難する

ハザードマップも確認しつつ、最新情報をチェックして浸水する危険性があれば、高台へ避難。外出先でも高い建物を目ざして。

飛びそうなものは 室内に入れる

台風が接近しているときは、家の周辺に飛びそうな危険なものはないかを確認。自分の物干しざおや自転車も家の中に入れておく。

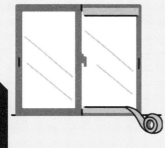

ここ数年、ゲリラ豪雨や台風、洪水など水害が増えています。地震とあわせて風水害対策も入念に！

状況に応じて避難場所を決める

在宅避難と避難所での過ごし方

避難所や友人宅へ

建物の安全が確認できなければ、避難所に行くのが無難。近隣の友人宅が安全なら頼るのも手。

YES

住居が倒壊・浸水しそう

在宅避難

大きな被害がなければ、自宅にいるほうがストレスなく過ごせる。実家や知人には状況を伝えておこう。

NO

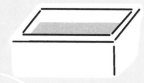

在宅避難 の場合

ライフラインの確保と下水設備の確認を

断水に備え浴槽やからのペットボトルに水をためておく。防犯を意識して施錠はしっかりと。不安なら親せきや知人を頼るなど、ひとりで頑張りすぎず、支援を受けながら過ごして。

水 水 白飯

避難所 の場合

ルールを守り率先してお手伝いをする

ケガや体調不良がなければ、積極的にお手伝いをしよう。災害時は若い力が必要とされている。動くことで不安な気持ちも薄れる。

共同生活で気をつけること

- ☑ ルールを守る
- ☑ プライバシーを守る
- ☑ 窃盗や性犯罪に注意
- ☑ 感染症の予防など体調管理を
- ☑ 友だちをつくる

建物の倒壊のおそれがなければ、自宅にとどまるのもあり。在宅避難できるよう日常備蓄は忘れずに！

緊急連絡先・問い合わせ先

もしものときのために、電話番号を記入しておこう。

警察（事件・事故）110　　　　**消防（火災・救急）119**

実家

親の携帯電話

そのほか緊急連絡先

管理会社・大家

共済・保険会社

居住地の役所

保健所

病院

避難所・避難場所

災害対応 ツイッター

首相官邸（災害・危機管理情報）	@Kantei_Saigai
気象庁防災情報	@JMA_bousai
警視庁警備部災害対策課	@MPD_bousai
厚生労働省	@MHLWitter

性犯罪やDVに巻き込まれたら

性犯罪被害相談電話	**#8103**（ハートさん）
DV相談ナビ	**#8008**

法的トラブルで困ったら

法テラス	https://www.houterasu.or.jp/ ☎0570-078374
ひまわり相談ネット	https://www.soudan-yoyaku.jp/ ☎0570-783-110

監修

P28、PART3、4、5、7
(P154〜163、P166〜167)

河野真希

家事アドバイザー、一人暮らしアドバイザー、料理家。Webや雑誌、書籍、講演活動を通じて暮らしに関する情報を発信。「料理教室つづくらす食堂」主宰。

PART1、2

小林朗子

整理収納アドバイザー、宅地建物取引士。不動産仲介、整理収納研究課程などを経て、整理収納コンサルティングや執筆、セミナー活動に従事。

PART6

氏家祥美

ファイナンシャルプランナー、キャリアコンサルタント。ハートマネー代表。家庭科の教科書で経済パートを執筆を担当。金融リテラシーの普及に努める。

PART7
(P146〜153、P164〜165、P168〜175)

国崎信江

危機管理教育研究所代表。危機管理アドバイザー。国や自治体の防災関連の委員など数多く歴任。講演活動を中心に各メディアでも情報提供を行っている。

STAFF

ブックデザイン	細山田光宣、南彩乃、小野安世（細山田デザイン事務所）
カバーイラスト	Kuma＊Kuma
イラスト	Kuma＊Kuma、松井晴美、ナカムラエコ
構成・取材・文	岩淵美樹
編集担当	野崎さゆり（主婦の友社）

ひとり暮らしで知りたいことが全部のってる本

2021年2月28日　第1刷発行
2024年4月20日　第15刷発行

編　者	主婦の友社
発行者	平野健一
発行所	株式会社主婦の友社
	〒141-0021東京都品川区上大崎3-1-1　目黒セントラルスクエア
	03-5280-7537（内容・不良品等のお問い合わせ）　049-259-1236（販売）
印刷所	大日本印刷株式会社

©Shufunotomo Co., Ltd. 2021　Printed in Japan
ISBN 978-4-07-446730-3

■本のご注文は、お近くの書店か主婦の友社コールセンター（電話0120-916-892）まで。
※お問い合わせ受付時間
月〜金（祝日を除く）10:00〜16:00
※個人のお客さまからのよくある質問のご案内
https://shufunotomo.co.jp/faq/

※この本に掲載している情報は2021年1月現在のものです。